MW01644253

¿POR QUÉ ME GOLPEAS?
Historias de Mujeres
Retos y Vivencias de la Vida Real
Aida Luz Bonilla Tanco, 2024

ISBN: 9798336190366

Diseño de Portada: Andrea Negrón

Créditos Editoriales
Segunda Edición revisada 2025
Edición autopublicada agosto 2024
Caguas, Puerto Rico

Haré que haya enemistad entre ti y la mujer, entre tú descendencia y la suya. Ella te pisará la cabeza mientras tú herirás su talón.

Génesis 3:15

¿POR QUÉ ME GOLPEAS?

Historias de Mujeres

Retos y vivencias de la vida real

Aida Luz Bonilla Tanco

Agradecimiento

Primeramente, le agradezco a Dios por permitirme escribir este libro, a todas las personas que de alguna manera aportaron su valiosa ayuda para que este sueño se hiciera realidad; pero sobre todo un especial agradecimiento a todas esas mujeres valientes que se pararon en la brecha de su camino y dijeron presente para contar su historia de vida, de violencia doméstica, entre ellas maltrato psicológico, emocional, económico, verbal y físico. Para crear conciencia en todas las jóvenes, mujeres, hombres y a la vez pueda ser de beneficio y de bendición a cada persona que lea este libro. Un libro provocativo, inspirador y motivador que te hará reflexionar y desear cambiar dicha perspectiva conductual de vida ante este mal que sufrimos en nuestro Puerto Rico y no tan solo en nuestra isla, sino a nivel mundial.

Dedicatoria

Dedico este libro, ¿POR QUÉ ME GOLPEAS? A todos los miembros de las familias para beneficio de cada integrante del núcleo familiar, para que pueda haber un cese y desista al maltrato de cada niño (a), joven, hombre, mujer y así de esta manera, podamos arrancar toda raíz de violencia doméstica en todos los hogares de las familias puertorriqueñas y del mundo. Que podamos disfrutar en este planeta en armonía, en una sociedad sana de principios, valores, respeto y apreciación por la vida de los demás seres humanos.

Prefacio

La autora del libro, ¿POR QUÉ ME GOLPEAS? Historias de mujeres, retos y vivencias de la vida real ofrece al lector importantes reflexiones sobre situaciones de violencia doméstica, una triste realidad vivida por miles de familias en nuestro país y en el mundo. Su vasta experiencia como capellán en la cárcel de mujeres y en otras comunidades de Puerto Rico, dan valor al contenido sobre la temática que nos presenta.

Cada historia real recopilada a través de entrevistas por la autora nos muestra un escenario crudo y violento sobre este problema social, el cual estadísticamente va en aumento cada día. La narrativa utilizada es una sencilla describiendo en las líneas con lujo de detalles, cómo ha sido el interior de nueve mujeres: el maltrato, las tristezas, el pánico, la angustia, el abuso de las drogas, la ansiedad, sus luchas, los retos y las vicisitudes que tuvieron que enfrentar ante el impacto de la violencia doméstica reflejada en sus vidas.

El contenido nos transporta a recrear cada escena de violencia y nos presenta cómo las circunstancias adversas que vivieron estas mujeres (ante la constante agresión física y emocional de sus parejas), las llenaron de energía para salir del ciclo de la violencia, demostrando así su resiliencia. Más aún, la autora hace una exhortación a las agencias públicas y privadas en Puerto Rico, para que estas sean más proactivas en erradicar este mal que arropa a miles de familias puertorriqueñas.

A través de las historias compartidas la autora añade un propósito especial para el lector; servir de ejemplo y guía para los que están pasando por una situación similar, sembrar esperanza, sensibilizarnos y provocar una transformación real en las familias.

En el mismo, hallarás información relevante sobre las señales de la violencia, estadísticas y recursos existentes, como una fuente necesaria para facilitar la toma de decisiones y la búsqueda de soluciones, ante los retos que vive esta población en nuestro país. Al final del ejemplar, la autora presenta preguntas claves al lector, provocando el auto análisis sobre el tema y le exhorta a tener un mayor compromiso con la sociedad puertorriqueña.

Definitivamente, este es un libro que toda persona debe leer...

Amarillys Alvarado Guzmán
Presidente
RESONAR Inc.

CONTENIDO

Reseñas

En este libro ¿POR QUÉ ME GOLPEAS? Podrán leer las historias de varias mujeres que han vivido la dura realidad de la violencia en las relaciones de pareja: y más doloroso aún por las personas que amaron o creían amar. En este proceso muchas han perdido la vida, otras están cumpliendo una condena en la prisión y otras se han transformado en seres resilientes, seres de luz. La autora del libro desea crear conciencia en toda la población de mujeres sin importar la edad, nivel académico, nivel socioeconómico y mucho menos el entorno dónde te encuentres.

Nuestra tendencia a repetir conductas, querer salvar al otro nos paraliza. Tenemos que entender que lo más importante es amarnos, aceptarnos y siempre aspirar a lo más alto. Entender que cuando estamos vulnerables es cuando somos presas de estos depredadores.

Mi mayor aportación es recomendar a las madres el leer este libro con sus hijas e hijos y tener un diálogo abierto de las historias aquí relatadas y que puedan identificar las señales de peligrosidad en una relación, saber buscar ayuda y alejarse a tiempo sin perder entre otras cosas nuestra estima, valor y menos aún la vida. Pongamos un ALTO a la violencia.

Carmen Ojeda Medina
MA en Trabajo Social

Con un estilo coloquial, persuasivo y a veces crudo, Aida Luz, relata la historia de diferentes mujeres. Historias de retos, adversidades y luchas. No es difícil conectar y relacionarnos con algunas de las historias que aquí se relatan. Estas historias nos llevan a reconocer y entender estereotipos, actitudes y percepciones sociales qué influyen en el círculo de la violencia y mantienen la opresión hacia la mujer. Aunque es muy fácil señalar culpables, esto solo contribuyen más al problema y no a la solución. Las actitudes que culpan especialmente a las víctimas impiden que la sociedad reconozca y cambie la masculinidad tóxica y la cultura de violencia. Es nuestra responsabilidad como miembros de la sociedad apoyar a los sobrevivientes y responsabilizar a los agresores.

Este libro, también nos recuerda la importancia de crecer como seres humanos, de reinventarnos y aprender a adaptarnos ante las adversidades, al cultivar la fe, el amor y respeto propio. Nos enseña que nuestra historia no nos define, y que solo nosotros escogemos definir nuestra historia.

“La vida es un 10% de lo que nos sucede y un 90% de cómo reaccionamos ante ello”. -Charles R. Swindoll

Bethzaida Felix-Santiago, Psy.D.

Algunos nombres de los personajes han sido cambiados, para proteger la identidad de estos, como también los lugares. Las historias de violencia doméstica que leerán son de gran impacto.

Historias

HISTORIA DE DORIS

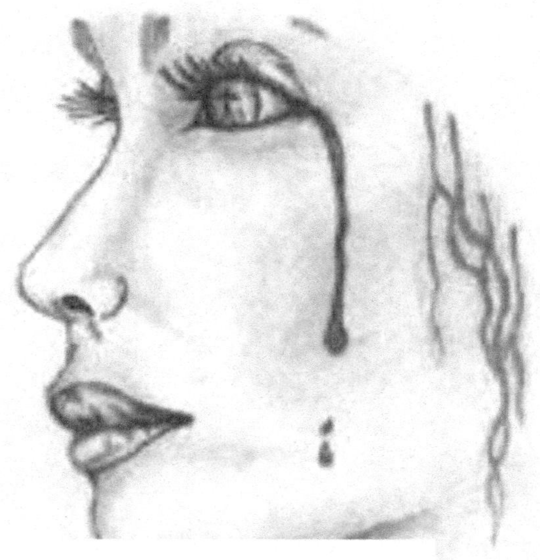

Historia de Doris y Andrés

Doris es una chica inteligente, audaz y determinada. Ella se encuentra en su primer año universitario en el programa de ciencias. Ha comenzado a conocer a un joven de su clase llamado Andrés. Andrés es un joven, inteligente y amable. Comparten fuera de la Universidad, salen a pasear, comer, bailar y hacen de sus labores de estudios un pasatiempo agradable. Disfruta de estar en compañía de él. La hace sentir como si fuera una princesa de sangre real.

Ha transcurrido un año que Doris y Andrés se conocen y esta noche saldrán a divertirse a celebrar seis meses de su noviazgo. Transcurrida la noche, después que bailaron y disfrutaron, llegan al alojamiento de la universidad. Pero, sucede que Andrés a la entrada de la puerta del dormitorio de Doris, comienza a besarla, muy intensamente. Entre beso y beso, llegan hasta la cama de Doris, donde tuvieron relaciones sexuales. Pasadas las horas, llega al dormitorio la compañera de cuarto, así que Andrés se despide de ambas jóvenes con un "hasta mañana".

Al otro día en los predios de la universidad, Andrés no miró a Doris para nada, ni tan siquiera la saludó. En la tarde al salir de la universidad, Doris trató de acercarse a Andrés, pero él le huyó no permitió que ella se le acercará y mucho menos que le hablará. Así transcurrieron unos días, Doris logró acercársele a Andrés y le abordó, le preguntó "¿qué te sucede, que trato de hablarte y al acercarme, huyes?" El inmediatamente en tono arrogante le contesta, "¿qué quieres? ¿Qué te pasa, o qué es lo que me quiere decir?" Doris no podía creer lo que estaba escuchando, sus lágrimas rodaron por sus mejillas e inmediatamente se alejó de la presencia de Andrés. Pasaron alrededor de seis semanas, Doris y Andrés no se habían comunicado para nada. En la Universidad la veía y huía a esconderse.

Una mañana, Doris decide entrar a una farmacia y comprar una prueba de embarazo. Al llegar a su apartamento se hace la prueba de embarazo, para su sorpresa da positivo al ella observar su resultado comenzó a llorar con un sentimiento que no podía contener su llanto. Llega su compañera de cuarto y le pregunta, "¿qué te sucede, Doris?". Ella entre sollozos, le explica todo lo sucedido con Andrés por varias semanas, su comportamiento, después de haberle entregado su virginidad a él. Su compañera le indica, que debe hablar con Andrés y contarle todo lo sucedido. Doris ve a Andrés a lo lejos en la universidad y logra acercarse a él donde se encontraba con un grupo, ya que él no la visualizó acercarse. Así que Doris lo toma del brazo conduciéndolo a parte. Le reclama, que no sabía que le ocurría a él con ella desde el momento que tuvieron intimidad. Él no se inmutó para nada. Doris prosigue contándole de su embarazo. Él escuchó atentamente, pero no le dio ninguna importancia e inmediatamente, él le contesta, "¿estás segura de que ese hijo que llevas en tu vientre es mío? Doris no podía creer lo que estaba escuchando. Ella le contesta, "de verdad que me arrepiento de haberte conocido y haberte entregado lo más importante de mi vida, mi virginidad. Pero no te preocupes que Dios, conoce todo lo que hay en mi corazón, no le hago daño a nadie, pero por mi hijo hago todo lo que tenga que hacer" Doris, aceptó su embarazo y su responsabilidad en continuar con su vida sin Andrés.

Un día, él se le acerca y le pide que aborte, a lo cual ella indica, que no lo haría, si él deseaba apoyarla bien y sino también, pero que al nacer el bebé le haría una prueba genética para confirmar su paternidad y él tendría que asumir su responsabilidad.

Así que Andrés se sintió un poco intimidado. Al otro día se le acerca nuevamente y le dice a Doris que pensó y decidió buscar un apartamento para mudarse y vivir juntos. Ella responde, que primero deseaba casarse antes de convivir. Así deciden hacerlo. Van ante un juez y su amor queda sellado, colocando su anillo de alianza en su dedo. Él va de compra, junto a ella y adquieren todo el mobiliario, junto a unos detallitos para decorar su nido de amor. Ya instalado en el apartamento, Doris llega de la universidad y prepara la comida porque Andrés ahora trabaja y estudia para poder hacerse cargo de todos los gastos del nuevo hogar que ambos comparten.

Al llegar Andrés al hogar, Doris le sirve la comida, él con un tono sarcástico exclama, "¡con esta porquería de comida tú me recibes, después que tengo que correr para llegar a la universidad, luego de un trabajo fastidioso!" Según exclamaba, tiraba el plato hacia el suelo mientras salía por la puerta. Doris llorosa se inclinaba a recoger el desperdicio de la comida y los trozos del plato roto. Esto ocurría repetidamente, a veces utilizaba un tono fuerte, vociferando.

Doris ya cuenta con siete meses de embarazo. Andrés llega al apartamento mucho antes de lo acostumbrado. La comida no estaba preparada ya que Doris se estaba bañando antes de preparar la misma. Mientras Doris sale de la ducha y se encuentra secando su cuerpo, Andrés entra al baño enfurecido exclamando, "¡la comida no está preparada, ya tu verás lo que te va a pasar ahora!" Le arrebata la toalla y comienza a darle fuertes golpes con la toalla sobre su propio cuerpo. Ella cae al suelo con sus brazos doblados frente a su vientre, cubriendo el mismo, mientras le decía, "basta ya, basta ya, ¿por qué me golpeas?" Andrés tiró la puerta y salió corriendo del apartamento. Doris llama a su amiga, la compañera de cuarto del hospedaje de la universidad, la amiga al verla sintió mucho dolor: la abrazo y le indica que debe acudir al hospital a curar sus heridas, y cotejar si él bebé se encontraba bien dentro de su vientre. En el hospital llaman a la policía y realizan una querella en contra de Andrés. Por suerte al hacerle las pruebas a Doris y al bebé todo se encontraba bien. Andrés estuvo desaparecido por varias semanas, luego del episodio de violencia. Claro huyéndole a Doris y a la policía.

El viernes, día de cobro de la quincena, Andrés acude donde Doris, para entregarle el pago de la renta. Andrés, llega muy acaramelado con ella, suplicando a Doris para que lo perdonará y haciéndole miles de promesas, que no volvería a suceder lo mismo en su hogar, ni en su matrimonio. Así que Doris se reconcilia con Andrés. Pero siempre había una duda en su corazón. Ya no había la misma confianza en su esposo.

Pasaron los meses, estando Doris en la universidad, siente un fuerte deseo de orinar, pero al mirar sus piernas, notaba mucha agua bajando a través de estas. Ella localiza su amiga para que la acompañe rumbo al hospital. Luego de unos minutos de entrar a la sala de partos, Doris tenía en sus brazos un hermoso niño. Bañaron a mamá Doris, la pusieron hermosa para recibir la visita de Andrés, como la de su pequeño hijo. Se abre la puerta del cuarto del hospital, una enfermera trae al niño para que pueda ser alimentado por su madre y detrás de ella entra el flamante papá, Andrés: él no podía creer lo que estaban viendo sus ojos, su vivo retrato cuando él era un bebé. Así que presumió de dicha criatura, "es hermoso igualito a mí según las fotos que me mostraba mi madre, siendo un bebé".

Llegó el momento de regresar al hogar. Mientras el niño lloraba en las noches, Andrés no se inmutaba para ayudar a Doris. Ella, obviamente cansada y desvelada atendiendo a su bebé, no recibía ningún apoyo de su esposo. Una noche Doris le reclamó a su esposo, "¡por favor, Andrés ayúdame, ya no puedo más!". Doris no recibió respuesta alguna. Lo que sí recibió, fueron golpes físicos y verbales de parte de Andrés, mientras que ella, protegía su rostro de los golpes que él le propinaba. Al terminar Andrés de darle la golpiza, tiró la puerta del cuarto exclamando, "¡te pedí que abortará y no quisiste, pues te atienes a las consecuencias ahora!" Se dirigió al sofá de la sala y allí durmió toda la noche.

Siguieron pasando los años y él bebé, Andrés, seguía creciendo. Pero, así mismo seguían los abusos de Andrés hacia Doris, golpeándola cada vez que él deseaba hacerlo. El entorno del hogar se volvió en un infierno. Ella no deseaba estar cerca de él. El bebé ya tiene cuatro años y le desagrada a ella que él tenga que presenciar esos momentos de ira de su padre. Doris ya se graduó de la universidad y se encuentra en búsqueda de empleo.

Con varias ofertas de empleo, Doris está en busca de un cuido para su niño Andrés, antes de comenzar a trabajar. El estado de ánimo de Doris no es uno de júbilo, siempre está triste, sus ojos llorosos, pero tiene la esperanza y se dice a ella misma, "terminará pronto, sí, esto terminará pronto".

Doris ha comenzado a laborar en un laboratorio, mientras decide su carrera profesional, entre sus metas, continuar estudios postgraduados. Un día, como de costumbre, ella sale corriendo del trabajo, recoge al bebé y llega a la casa a preparar la cena. Pero, no sabe Doris, lo que le depara el destino, en esa noche en particular. Doris termina de preparar la cena y procede a bañar al bebé para luego bañarse ella. Mientras ella sale del baño, entra Andrés a la casa. Sin medir palabras, dirigiéndose a la cocina, abre los calderos de comida preparada en la estufa que Doris había dejado. Cuando inmediatamente, toma los calderos y tira la comida al suelo, maldiciendo la cena que ella había preparado. Doris entra, llorosa, mientras le dice, "¡basta ya, estoy cansada de todo esto!" Pero Andrés, le contesta, "¡verás lo que va a pasar ahora!" Entonces comienza a golpearla en la cara y en su cuerpo, Doris se tira al suelo, tapándose de los golpes que recibe continuamente. No obstante, Doris observa el cuchillo, encima del mostrador en la cocina, mientras Andrés da la espalda. Ella toma rápidamente el cuchillo, cuando él vuelve para donde ella a seguirle pegando, ella saca el cuchillo y le lanza varias puñaladas en el abdomen, desplomándose al suelo.

Cuando Doris pudo incorporarse, llama al 911. Inmediatamente la policía junto a emergencias médicas, llegan al hogar y se llevan a Andrés en ambulancia, hacia el hospital, mientras que Doris, es arrestada e ingresada en la cárcel de mujeres. Después de varios días, de haber estado ingresado en el hospital, Andrés fallece debido a complicaciones ocasionados por las puñaladas infligidas.

Doris fue sentenciada a cuatro años de cárcel, de los cuales en la actualidad ha cumplido tres años. Es una líder dentro de la institución, servidora, voluntaria de la capellanía. Sale a trabajar fuera del hogar intermedio, desea ser útil a la sociedad cuando salga a la libre comunidad. Ella está contenta, deseosa de cumplir su condena y poder estar junto al lado de su hijo y continuar su vida en libertad, con alegría y en abundante paz y con una familia feliz como siempre ha deseado.

En la actualidad posee una intimidad con Dios única, llena de paz y esperanza de una mejor vida, perdonó y se perdonó ella misma, Doris va encaminada a seguir buscando de Dios y superarse en la vida. Andrés, su hijo, cuenta con siete años y es muy querido por sus abuelos y sus tíos, le han inculcado valores y sobre todo el amor hacia Dios.

Me imagino, se estarán preguntando, ¿por qué la sentencia de Doris fue tan corta? Pues recuerden, ella había puesto una querella en contra de su esposo, la primera vez que él la golpeó. La abogada de Doris utilizó dicha información a favor y en defensa de Doris.

Historia de Margarita

Margarita y Víctor

Esta historia, comienza en Puerto Rico en la década de 1960, en el pueblo de Gurabo. La niñez de Margarita fue muy triste, hubo demasiados abusos, en el hogar de sus abuelos, donde ella fue criada. Su núcleo familiar, se componía, por mamá, padres de mamá, o sea sus abuelos, sus tíos (a), primas y hermanos de Margarita. Los hermanos de Margaritas eran tres varones y cinco hembras. La madre de Margarita era una mujer joven, hermosa, con un cuerpo esbelto, de pie morenita: a donde quiera que entrará producía un efecto llamativo. Nunca tuvo matrimonio alguno. Siempre decía que salía con novios. Se dedicaba a planchar y limpiar, en casas de familias en el pueblo de Caguas. Todos sus hijos, no fueron reconocidos por sus padres. Mamá recibía en ese entonces, lo que llamábamos el bienestar público para sus ocho hijos: cuando recibía su cheque, lo único que hacía era plasmar su firma y entregarlo a su padre para la compra de alimentos, para todos en el hogar. También recibían los alimentos conocidos como la PRRA, Puerto Rico Reconstrucción Administración, la PRRA se enmarcaba en el nuevo trato, una doctrina del presidente Roosevelt, que buscaba una nueva relación entre el Gobierno y los ciudadanos. Hubo mucha necesidad económica en el hogar, pero el plato de comida nunca les faltaba. La casa poseía cinco cuartos, pero por ser una familia numerosa, vivían en hacinamiento total.

Los abuelos maltrataban a la mamá de Margarita, siendo la mayor de todas sus hermanas. El abuelo de Margarita sacaba a la madre de ella, con toalla en mano del baño: a son de golpes por su espalda y cabeza para que su hermana, pudiera entrar al baño, porqué debía ir a trabajar antes que la madre de Margarita. Cuanto golpe se perdía en el aire, era ella quien lo recibía, inclusive sí sus hermanas hacían algo indebido, el castigo lo recibía ella. Cuando la madre de Margarita salía a trabajar, siempre les decía a sus hijos pórtense bien porque se quedarán en la boca del lobo. Alrededor de los nueve años Margarita se enferma de una depresión aguda, debido al maltrato de sus abuelos, hacia su madre y sus hijos; en una ocasión Margarita estaba cantando la canción de una famosa vedette, de Puerto Rico; Me gusta, me gusta, el abuelo entra al escenario, tomo a Margarita por el cabello y a correazo uno tras otro, dando por terminado el espectáculo, mientras le decía, "te gusta, te gusta, a ver si esto te gusta". Margarita siempre era la que presenciaba todos los episodios de maltrato a su madre, como a sus hermanos.

A sus once años, ella veía y sentía, como preferían a sus primos y a ellos los menospreciaban, eran los patitos feos de la familia. Las mejores comidas eran para sus otros nietos. Sus primas les echaban agua a sus comidas. Cuando la madre de Margarita llevaba dinero a la casa, debía esconderlo, a causa del abuelo: era un hombre controlador, abusador, tanto en lo económico, físico, verbal y emocional.

A los trece años Margarita es muy parecida a su madre físicamente, una morenita hermosa. Aunque un poco traviesa, junto a sus primas se escapa del pueblo de Gurabo a Caguas, por transportación pública, eran los carros antiguos Chevrolet del año 1958: se subían al vehículo y cuando llegan al pueblo de Caguas, una a una se van bajando, cuando ya todas se han bajado, arrancaban a correr y el chofer gritando, "deténgalas, deténgalas, no me han pagado", se les perdía ante la vista del conductor. Al regresar al hogar, ya había oscurecido y se acostaban a dormir, al día siguiente abuelo las levantaba a son de golpes, pero siempre cogía su aguacero de palabras Margarita, porqué era la culpable de todo.

Margarita ya cuenta con catorce años, sus abuelos se fueron a Estados Unidos y le piden a mamá llevársela con ellos. Margarita no asistió a escuela alguna, porqué debía cuidar de la abuela, mientras abuelo trabajaba. Estuvo por nueve meses en los EU. Al regresar a Puerto Rico, su madre da a luz, un hijo varón, le toco a Margarita cuidar del bebé. Margarita bajaba a Caguas, por transportación pública a entregar el bebé a su madre, casi todos los días, cuando se cansaba de la tarea de cuidar del niño.

Los fines de semana la madre de Margarita se quedaba en un barrio de Caguas, donde vivía el padre de su hijo menor, hasta poder lograr definitivamente establecerse con él.

Una tarde la abuela de Margarita, la envía a fregar unos platos, ella no quiso y le tiro a la abuela con un pote, lo que antes eran los vasos de tomar agua y hasta café, y a la vez le grita, “vieja pelúa”. Abuelo escuchó todo y desde la sala le grita a Margarita, “te meteré en la correccional”. Era la costumbre del abuelo castigar a los hijos de la madre de ella. Ya había llevado a una hermana de Margarita y se encontraba en un hogar de corrección para menores. Al otro día la lleva al tribunal de Caguas, citan a mamá, le entregan la custodia a su madre.

A los dieciséis años, Margarita hace amistad con una vecina de su mamá, mayor de edad, donde vivían en un barrio de Caguas. La cual se lleva a Margarita para las barras, a ingerir alcohol, marihuana y cigarrillos. En una salida con sus primas fueron a bailar, luego del baile se fueron con unos jóvenes a la playa de Humacao, uno de ellos abusó sexualmente de Margarita. Ella indica que no sabía lo que estaba ocurriendo en esos momentos, sí le dolía, se lo decía al joven, pero nunca le dijo que se detuviera, porqué realmente desconocía lo que estaba sucediendo en ese momento, con su cuerpo. Lo supo cuando le contó a su prima lo que había experimentado y la sangre que había expulsado por su vagina en aquel momento, su prima le explicó con lujos de detalles lo que había sufrido, había perdido su virginidad.

El 19 de noviembre de 1976, llega la trabajadora social de Servicios Sociales, al hogar de su madre y le indica a Margarita que debe presentarse a la cita del tribunal, sino acude la pueden ingresar al Departamento de Corrección a un hogar para menores, ya que esa era la segunda cita. Al acudir a la cita en el tribunal, ese mismo día ingresan a Margarita en un hogar para menores en el pueblo de Trujillo Alto, en ese mismo lugar se encontraba su hermana ubicada. Encontrarse en ese hogar no fue fácil, indica Margarita. En una ocasión se escapó, la atraparon y la llevaron a un hogar para niñas en el pueblo de Ponce.

A los diecisiete años, le dan pase para que pueda estar y disfrutar de su familia. Se quedaba en casa de su mamá, la casa era un challet que el padrastro le había regalado a su madre, para cuando ellas llegarán de pase, tuvieran donde quedarse. Su madre se iba con su marido a una casa adicional que él poseía. Margarita se acuesta a dormir en la cama de su mamá. El hermano de ella se deja de la esposa, llega esa noche a la casa y se mete a la cama donde se encontraba durmiendo Margarita, a eso de la madrugada, ella siente que su hermano la estaba tocando por el muslo, ella se levanta de la cama, mientras le grita a su hermano, "¿qué te pasa? Se lo voy a decir a may". Pero estos abusos, continuaban, por segunda vez en su siguiente pase, su hermano volvió a meterse en su cama, esta vez le rosaba el pene por su muslo, a lo cual ella se levanta y vuelve a amenazarlo, con decirle a su madre. En la siguiente ocasión, Margarita se preparó con un pantalón corto debajo de su pijama, para ir a dormir. Cuando él se mete en la cama trato de quitarle el pantalón, ella lo tira a patada de la cama al piso. No se fue del hogar hasta que su madre regreso y le contó todo lo que había ocurrido, pase tras pase, pero su madre no le creyó nada de lo que Margarita le había expresado. A ella le dolió mucho que su madre no le hubo creído, nada de lo dicho por ella. Cuando veía a su hermano llegar ó acercarse a ella, se sentía mal con tan solo sentir su presencia.

Al cumplir dieciocho años, su hermana sale de la institución y se casa con un veterano. Le permiten a Margarita asistir a la boda y ser dama de honor de ella. Luego de un año Margarita sale del hogar al cumplir su mayoría de edad. Se ubica en casa de su madre, comienza a salir a bailar y a conocer jóvenes con los cuáles se activa sexualmente.

A los diecinueve años queda embarazada, ella desconoce quien es el padre de su hijo. Pero tuvo la suerte quien lo reconoce como su hijo es el esposo de una tía del padre de su segunda hija. Vivió con su madre durante y después del embarazo, quien la apoyó y la ayudó en todo momento.

Luego conoce a Víctor, un hombre trabajador y buen proveedor, rento una casa para que Margarita se mudará con su hijo a vivir con él. Al poco tiempo ella queda embarazada, tuvieron una hermosa niña. De la noche a la mañana, el hombre dejo de pagar la renta de la vivienda, había dejado de mantener a la niña. Un día llega a la casa exigiendo que ella le sirviera la comida, Margarita no había preparado nada, por qué no tenía nada para cocinar. Ella le explica que no le quedaba nada de los cupones de alimentos y que él no había llevado nada para hacer la comida: así que, sin mediar palabra alguna, Víctor se le abalanza encima a Margarita, puño iba y puño venía en el rostro y por todo el cuerpo de ella. Cuando ella logra levantarse del suelo, él salió por la puerta y no regreso hasta la madrugada. Las peleas continuaban a diario en su hogar.

En otra ocasión se hallaban discutiendo, pero esta vez cuando él le va a pegar, Margarita se le abalanza encima a Víctor y ambos se dieron a los golpes. Un día ella entra a la casa y encuentra a Víctor con una jeringuilla en sus brazos. A Margarita le da curiosidad y le dice a él que ella desea probar, a lo cual él le contesta, "después no digas que yo te inducir a hacer esto". Así que cogió la vena en el brazo de ella y le inyectó la droga. Cada día Margarita se iba hundiendo en las drogas. Ahora la situación se torna difícil ya que, en lugar de uno en consumir drogas, son ambos. Las peleas son la comida en el hogar, los niños observaban todo lo que sucedía dentro del seno familiar.

Ocurre otra discusión en el hogar, ambos se enredan a los puños, pero esta vez, ella se marcha con su hijo mayor a casa de su mamá: Margarita, entrega la niña a su madrina, ya que Víctor no la estaba manteniendo. Mientras convivía con su madre, el padrastro le hizo la vida de cuadrito. Ella se llevaba a su hijo al trabajo, a las barras, cargaba con él a donde quiera que fuera, el niño ya contaba con tres años.

Margarita no soporta a su padrastro, así que decide volver con Víctor. Él desea vender a Margarita a sus amigos para beneficiarse de la situación y adquirir el dinero para obtener el consumo de sus drogas. Pero Margarita no lo permitió. Víctor por su parte no le importaba compartir con otras parejas ya fuera con paga o no él lo realizaba. En una ocasión por rebeldía Margarita, decide irse con un hombre una noche. El hombre era de profesión, propagandista médico, habían pasado tres meses desde el encuentro sexual que habían tenido. El hombre lleva a Margarita al pueblo de Humacao a realizarse un estudio, el examen médico refleja que ella posee tres meses de embarazo. El hombre le pregunta a Margarita, "¿estás segura de que es mío?" Él le indica a ella, que debe abortar la criatura, porque él es casado, no desea divorciarse y no lo puede mantener. Así, el hombre se pone de acuerdo con Margarita, la recogerá al día siguiente temprano en la mañana para acudir a una clínica de aborto que existía en el pueblo de Caguas, para abortar la criatura. Estando en la clínica, ella visualiza como el feto ha sido destruido con herramientas, en pedazos y va cayendo por medio de extracción, como si fuera una aspiradora, los pedazos, tejidos y sangre en un frasco de cristal: sale llorando de la clínica, adolorida en su cuerpo, mente y alma, pensando, que pudo haber sido de él o ella y como lo sentía en su vientre, cuando lo tocaba y se contraía al acariciarlo. Margarita relatando esta parte de su historia comienza a llorar y nos indica que regularmente cuando habla de este suceso, hoy en día le duele y se siente muy arrepentida de haber cometido dicha falta.

Margarita queda embarazada nuevamente. Estando embarazada consume alcohol. Da a luz una hermosa niña, su padre la apunta y así de esta manera recibe un ingreso de seguro social ya que su papá, es pensionado. Margarita apenas cuenta con veinticuatro años.

Pasaron unos años, le otorgan un apartamento en el pueblo de Caguas por HUD, Margarita se muda y abandona a Víctor. Ella continúa en el vicio de las drogas y alcohol. Siempre andaba con sus hijos, no importaba a donde fuera los llevaba con ella. Se acostaba con hombres para obtener dinero para su vicio. Muchas veces se quedaba durmiendo en vehículos, porque no podía llegar hasta su hogar, paso varios malos ratos en la calle. Le robaba a la familia para poder adquirir su droga, heroína.

Nuevamente queda embarazada, el día antes de dar a luz a su hija, consumió drogas por las venas toda la noche.

Al nacer la niña la enfermera le cuestiona, si ella consume drogas, a lo cual ella negó. Se mantiene en la negación, por varios días. Pero un día la enfermera le hace hincapié que debe decir la verdad para qué los médicos puedan darle el tratamiento que la bebé necesita. Margarita sale del hospital, al otro día ella acude con la ropa de la bebé a buscarla, pero la enfermera le indica que no le puede entregar la niña, porqué ella es usuario de drogas, que debía identificar un recurso en su familia, para que se le entregue la bebé y se haga cargo de ella. Porqué sino el Departamento de la Familia toma potestad de la custodia y la ubican en un hogar. Margarita, habla con su hermana y con el esposo, el cual es de profesión policía, ellos aceptan acoger a la niña en el seno de su hogar. La bebé pasará en custodia permanente al hogar de su tía materna. La niña presenta el síndrome de adicción a las drogas, por tal motivo permanece en el hospital para ser desintoxicada de las drogas. No fue fácil para la bebé salir del proceso de la adición, cuando los médicos pensaban que estaba limpia, volvían los síntomas. Al pasar varias semanas dan de alta a la niña y se la entregan a su tía y esposo, donde hasta el día de hoy ha sido criada como su hija.

Margarita sigue en las calles consumiendo drogas. Siguió de brazos en brazos de otros hombres, todos eran como ella, adictos. Su madre muere en el 1990, quien era la persona que le brindaba la mano, cuando más ella lo necesitaba. Si tenía hambre no podía acudir donde sus hermanas, la trataban como si tuviera una enfermedad contagiosa. En el 1994, durante un asalto en una farmacia en el pueblo de Caguas, fue detenida, estuvo en la cárcel dos semanas, luego la envían al Hogar Crea. Durante ese tiempo sus hijos fueron repartidos entre su familia.

Luego de rehabilitarse, recupera a sus hijos y vive un tiempo con su hermana, luego con el padrastro. Visita la iglesia, conoce a un joven el cual había sido usuario de drogas y convive con él, pero varias veces dejaban de ir a la iglesia y nuevamente volvían. Él joven comienza a hacer uso de las drogas, comete una falta y entra de nuevo a la cárcel. Era su costumbre salir y volver a la cárcel, por su misma condición de adición, si estaba en la iglesia, se detenía un tiempo, hasta volver a caer y dejaba de asistir a la iglesia.

En una de las salidas del joven de la cárcel para el año 2000, comienzan ambos a utilizar nuevamente drogas. Para el año 2002, Margarita se encuentra hundida en su vicio, no encontraba como salir de ese pozo. Comienza a prostituirse para adquirir dinero para el consumo de la droga, la dejaban a pie, le sacaban armas de fuego, en una ocasión se lanzó de un vehículo en marcha. Nuevamente estaba en las calles, dormía donde le cogiera la noche. En varias ocasiones, por la desesperación de querer consumir y no tener el dinero, atentaba contra su vida, cortándose las venas.

En el 2004 para el mes de noviembre antes del día de acción de gracias, comienza a vomitar, los vómitos eran constantes, acude a la iglesia, oran por ella y todo continúa igual. Cuando llega al hogar llama al 911, llegan los paramédicos. Le toman el pulso lo tiene de dos a cinco, los latidos en el corazón, casi no se escuchaban. El paramédico dice, "esta mujer está casi muerta, debemos de avanzar, se nos va a morir". En el hospital al ser examinada por el médico, no le encuentra nada. Ella exclama diciendo, "Señor, ¡qué es esto, no deseo meterme drogas!" Y de ahí en adelante no consumió drogas.

En el 2006, le otorgan nuevamente un certificado por sección ocho para rentar una vivienda, consigue una casa la cual rento de inmediato. Sus hijos ya son adultos. Para el 2012, conoce a este hombre mayor que ella y establecen una relación, él la ayudaba económicamente, se muda con ella. Pero, un día comienza a tratar los nietos de ella mal y no los quiere en la casa. Le decía a Margarita, eres una loca: Margarita le sirve los alimentos y le decía que estaban fríos y se los tiraba al suelo. No le permitía asistir a la iglesia, a la cual ella deseaba acudir. Margarita comienza a sufrir una depresión severa, diagnosticada por su médico. Se encontraba fregando y de repente comenzaba a llorar, pidiéndole a Dios que lo sacará de la casa.

En unas fiestas navideñas, su hija se fue de viaje a los EU. Llega un amigo de ella a buscarla, la pareja de Margarita, le indica al joven que ella no se encontraba y comienza a hablarle despectivamente de su amiga. Margarita le dijo a su pareja, que primero eran sus hijos, antes que él, como él había hablado mal de su hija, sin ser nada cierto, tenía que pedirle que se marchará de su hogar porqué eso no lo aceptaba ni se lo perdonaría: inmediatamente abandonó la casa.

Al encontrarse Margarita nuevamente sola, sin tener a su pareja, quien era su fuente económica, se siente otra vez deprimida, su mente se halla perdida con muchos pensamientos negativos: su expareja llega al hogar a buscar una camisa para ir a un concierto, Margarita le indica, regresaste a buscar una camisa, te llevas todas tus pertenencias. Ella va a la tienda compra cigarrillos y una caneca de ron y comienza a fumar y a beber como una demente. Al instante escucha una voz, que le dice, "córtate las venas". Ella se dirige al cuarto, se sentó en la cama, escucha nuevamente la voz que le indica, tómate ese frasco de pastilla para que se acabe todo. Sale por el pasillo, temblando, caminando y tambaleándose de un lado a otro, como una demente y borracha. Inmediatamente llama por teléfono a una Pastora, entre sollozos le dice que si no avanza a llegar a su hogar se suicidaría. La pastora llegó acompañada de otra hermana, la cual era amiga de Margarita, comenzó a orar, un clamor de gran intercesión para que Dios rompiera todas las cadenas que tenía atada, su vida. Luego del clamor su rostro resplandecía. Al día siguiente Margarita estaba en la iglesia, leen el salmo 51, ella comienza a llorar y llorar, no podía contener su llanto, esta vez su llanto era de agradecimiento y gozo, comienza a dar gracias a Dios por todo lo que había hecho en su vida. Desde ese momento ella dejo de ser quien era. Se convirtió en una mujer diferente, una mujer nueva.

Al pasar unos días la amiga de Margarita, le confiesa que ella lo que vio el día que la pastora oro por ella, fue impactante, era como una culebra arrastrándose en círculos dando vueltas y vueltas en el suelo, hasta que salió de su cuerpo.

Expresa Margarita, que a pesar de todo siente lástima por su expareja. Pero no desea volver atrás para nada. Ha seguido buscando de Dios y seguirá en sus caminos a pesar de todas las batallas que ha tenido que vencer con su familia, hijos, y vecinos. Pero indica que nada ni nadie la apartará del amor de Dios. Nos dice Margarita, "estoy agradecida con lo que Dios hizo en mí, me libertó de las cadenas del vicio del alcoholismo, drogas, cigarrillos y prostitución. Me ha dado paz mental y emocional. Seguiré viendo milagros en mi vida, en la de mi familia, en mis hijos y en todo mí entorno".

Historia de Lourdes

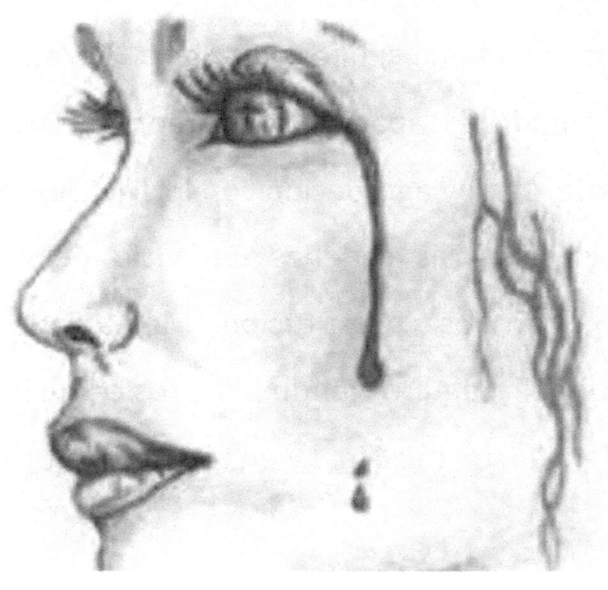

Historia de Lourdes y Pedro

Esta historia se desarrolla en un barrio del pueblo de Comerío, en Puerto Rico. Lourdes solamente cuenta con siete años. Vive con su madre, la cual sufre la enfermedad del alcoholismo. Lourdes como todos los días, antes de llegar a la escuela, se dirige a casa de un vecino y le pide dinero para ir a la escuela. Ella lo hace porque cuando le pide a su madre, ella nunca tiene para ella, tampoco para sus hermanos. Lourdes desea comerse unos dulces en la escuela, por lo tanto, va a donde su vecino.

Pero un día, el vecino, un hombre maduro de algunos cincuenta años le indica a Lourdes que pase al cuarto, se quite la ropa y luego le dará el dinero. Lourdes, como toda una niña inocente se dirige al cuarto y se quita la ropa. Entra este hombre a la habitación y abusa de ella sexualmente, Lourdes solamente contaba con nueve años. Al pasar el tiempo, Lourdes ve qué su vientre sigue creciendo, que el uniforme de la escuela no le sirve. Ella piensa que ha engordado. Pero no era así, Lourdes esta embarazada, sí había quedado embarazada de su vecino, el hombre mayor de cincuenta años. Lourdes no comprendía lo que estaba pasando por su cuerpo. Hasta el momento, que le da un dolor fuerte y la llevan al médico. Era que había llegado la hora de dar a luz, Lourdes tuvo una hermosa niña. El Departamento de Servicios Sociales interviene, ubican a la bebé a un hogar sustituto, ubicando también a Lourdes en otro hogar, ya que solo contaba con diez años y su madre no puede cuidar de ella, ni del bebé, por la enfermedad de alcoholismo que ella padece.

Al pasar el tiempo, Lourdes sigue creciendo. Cuenta ya con catorce años, pero la vida de Lourdes no ha sido fácil. Ha pasado de hogar en hogar por su conducta agresiva y dificultades, no respetando la autoridad de sus cuidadores. Quizás se deba a que no ha conocido la presencia de sus padres durante toda su niñez y mucho menos el amor y calor maternal, como paternal. Lourdes, se ha revelado en contra de su madre y del sistema. Su comportamiento es uno de agresividad en contra de sí misma y de todo aquel que se le acerca. Estando en la escuela conoce a Pedro, un hombre que merodeaba la escuela: sin escolaridad, trabajo y de escasos recursos, que vive en un residencial público. Pedro cuenta con veintitrés años. Lourdes se escapa de los predios de la escuela para estar en compañía de Pedro, acuden al cine, van de paseo, entre esos paseos es ir al río. En una ocasión estando en el río, tuvieron relaciones sexuales, así que de esta manera Pedro comienza a ejercer una cierta presión controladora sobre Lourdes, indicándole con quien puede hablar e inclusive con quien juntarse en la escuela y fuera de la misma. Lourdes confundida por sus pensamientos, cree que este hombre puede brindarle lo que nunca ha tenido en su vida, amor.

Al transcurrir el tiempo, Lourdes sigue faltando a clases para encontrarse con Pedro. Le avisan a los cuidadores y encargados de Lourdes, que ella no está asistiendo a clases, estos a su vez se reúnen con Lourdes en el hogar y le indican que ellos no toleran ese comportamiento en su casa, que ella debe prepararse estudiando para salir hacia adelante en la vida. Pero, Lourdes se retira abruptamente de dicha reunión y se dirige a su cuarto. En la mañana siguiente, entra a la primera hora de clases, se asoma por la ventana del salón y ve a Pedro en las afueras de la escuela. Al realizarse el cambio de salón hacia la siguiente clase, Lourdes se dirige hacia las afueras de la escuela para escaparse con Pedro. En esta ocasión se reunieron en un apartamento vacío en el residencial donde vive Pedro, probaron de todo lo que llevaron las personas con los cuales Pedro se encontró ese día. Lourdes conoció la marihuana y hasta consumió del polvo mágico, cocaína. Lourdes ya había caído en un pozo que no encontraba, salida. Sino consumía del polvo blanco, no era capaz de hacer nada, inclusive sí Pedro no abastecía su consumo, no deseaba estar cerca de él.

Así que Lourdes, un día salió para no retornar jamás a la casa de sus cuidadores sustitutos. Había huido con Pedro para vivir con él. Pasaron unos meses y Lourdes se embarazó, pero, ella no pensaba en su embarazo, solamente vivía para satisfacer su adicción a las sustancias lo cual había progresado hacia el uso inyectándose heroína, lo cual Pedro le proveía. Llega la hora del parto y en el hospital observan la condición de Lourdes. Llaman a Pedro, pero cuando llega él, estaba en otro mundo, no poseía coherencia con lo que hablaba y actuaba. Hablaba todo el tiempo incoherencias. Así que llega servicios sociales junto a la policía, a Lourdes se la llevan a un reformatorio juvenil y la niña que dio a luz, se la lleva el departamento de servicios sociales a un hogar provisional. Pero antes de esto, ella recibe tratamiento médico ya que había nacido expuesta a la heroína.

Transcurren los años, Lourdes continúa con problemas de comportamiento, Pedro la visita ocasionalmente, brindándole esperanzas para cuando salga la estará esperando y que tiene un lugar seguro donde dormir. Lourdes asiste a los talleres que les ofrecen, pero ni una palabra se le queda grabado en su mente y mucho menos lo que les están enseñando a realizar. Ella siempre está en su mundo y no permite que nada ni nadie penetre en su vida, ni tan siquiera habla en la sesión con la psicóloga y mucho menos se expresa con los trabajadores sociales.

Lourdes ya tiene dieciocho años, así que saldrá del reformatorio juvenil hacia la libre comunidad. Pedro ha llegado temprano al reformatorio a recoger a Lourdes que sale hoy. Pero, pasan las horas y Lourdes no sale. Sucede que tienen a Lourdes retenida, ya que habían realizado una investigación en la mañana en las celdas de cada reclusa y habían encontrado armas blancas y hasta que no sé conociera a quién pertenecía, nadie podía salir. Pedro tuvo que irse de vuelta a su casa. En la mañana siguiente, por vía telefónica se comunican con Pedro de la institución reformatoria indicándole, que debe acudir a recoger a Lourdes. Ella ansiosa va hablando sin parar por todo el camino. No sabe qué hacer con su vida, ella de repente comienza a llorar y siente temor de lo que pueda enfrentar desde este momento en adelante. Han transcurrido meses desde que Lourdes se encuentra fuera del reformatorio, ella depende de Pedro para todo lo que necesita, desde un jabón para bañarse hasta la droga que ha de consumir. Pedro lleva unos cuantos paquetes de drogas al apartamento para guardar y al salir él, ella consume de las drogas. Al Pedro no verla merodeando por el punto detrás de él, sube al apartamento al verla en el estado en que se encontraba, le reclamaba y buscaba la droga que él había guardado. Al percatarse que faltaban unos cuantos paquetes, le reclama y le pega varias bofetadas y esto despertó a Lourdes, ella se dirigió a unos de sus pantalones que tenía guardada una cuchilla infringiéndole a Pedro varias puñaladas en la espalda. Lourdes, al darse cuenta lo que había hecho, grita desde el balcón, "¡por favor, ayuda!". Suben dos hombres y se llevan a Pedro en un vehículo hacia el hospital. Esta vez, Lourdes cae en la cárcel para mujeres en el pueblo de Bayamón. Lourdes fue sentenciada a tres años de cárcel, mientras que Pedro se recupera de sus heridas internado en el hospital.

Al Lourdes encontrarse en la cárcel, le hacen unos exámenes de rutina y para su sorpresa, se encuentra embarazada y ni tan siquiera ella sé lo sospechaba ya que a esos detalles ella no le prestaba atención porque su deseo y hambre era por satisfacer la adicción a la heroína.

Al transcurrir el tiempo, Lourdes decide notificarle a Pedro que está embarazada con tres meses de gestación. Pedro acude a la cárcel y le lleva varias cosas a Lourdes como artículos de higiene personal y alimentos. Pasa el tiempo en la cárcel y Lourdes, esta rehabilitada y libre de drogas. Está más atenta a todo lo que sucede a su alrededor. Se ha dispuesto, cuidar de su embarazo porque desea mantener a este bebé a su lado. Desea tener una familia y un hogar. Pedro por otro lado, está muy emocionado y ejecutando todo lo que debe hacer para poseer una familia.

Llega el día del alumbramiento, Lourdes da a luz una hermosa niña con buena salud. Le permiten a Lourdes tener la niña en la institución carcelaria por tres meses. Al trascurrir el período de amamantamiento, o sea los tres meses, el personal de administración se comunica con Pedro para comunicarle que debe pasar a recoger al bebé, ya que esta puede ser alimentada a través de majados y leche. Pedro acude en busca de su hija y la lleva a su hogar. Solamente han pasado dos meses, Pedro se ha dado cuenta que no puede cuidar de su hija él solo, así que recurre a su madre que vive en el mismo residencial donde él reside para que lo ayude con el cuido de la bebé, pero la ayuda se convirtió en obligación para la abuelita que ama a ese pedacito de carne, su nieta. La niña permanece todo el tiempo con su abuela, ya que Pedro continuó en el contrabando de las drogas. Por más que su madre le reclama y recalca, él hace caso omiso a las palabras de ella.

Lourdes ya ha cumplido su sentencia de tres años en la penitenciaría, Pedro acude a recogerla, mientras Pedro conduce, Lourdes va ansiosa por ver y abrazar a su hija. Llegan en casa de la madre de Pedro todos los miembros de la familia salen a recibirla entre todas esas personas se encuentra la niña, la hija de Lourdes escondida entre las piernas de su abuela. La niña permanece inmóvil, ya que no conoce a esta mujer. Lourdes se le acerca a la pequeña y toma su cuerpecito y la abraza, pero la niña la rechaza. Desde ese momento, Lourdes se ha dispuesto conquistar el corazón de su hija. La pequeña ya cuenta con cuatro años, es muy inteligente, ya que ha sido criada entre adultos, los cuáles, la están preparando para cuando vaya a la escuela. Ya sabe contar los números del uno al veinte, está leyendo la cartilla fonética y reconoce las vocales. Ella es la alegría en el hogar de su abuela.

Pedro sigue en su negocio turbio, no desea salir de ese entorno, porque le gusta. Lourdes visita a su hija diariamente, pero no siente ese deseo que debe sentir toda madre de estar, cuidando y protegiendo a su hija ya que su pensamiento está en el deseo que la posee. Lourdes se siente a punto de desfallecer, su lucha es constante, mira la droga y su mente comienza a desearla. Solo piensa que al extender la mano la puede obtener.

Al transcurrir el tiempo Lourdes está en un hoyo sin salida, esta delgada, su apariencia física es desagradable. Pedro se encuentra en la misma condición de Lourdes, ambos están sumergidos en las drogas. Una noche entran a una fábrica a robarse el cobre que pudieran llevarse; pero, para su sorpresa estaban rodeados por policías. Pedro corrió y se le perdió a la policía, mientras que a Lourdes la habían atrapado. Fue ingresada a la cárcel, le dieron una condena de cuatro años en parte, por tener antecedentes criminales.

Lourdes se ha desintoxicado al pasar el tiempo en la cárcel. Pero, le ha llegado la noticia que su madre ha muerto. En respuesta a la noticia, Lourdes ha intentado contra su propia vida, cortándose las venas. Aunque Lourdes sentía rencor contra su madre, aun así, indicaba entre sollozos que era su mamá. Lourdes continúa recuperándose emocionalmente, con orientaciones y visitas a la psicóloga en la institución, aunque en su interior quedan heridas de amargura por todo lo que ha vivido en su vida.

Pasan dos años desde que se encuentra encarcelada, cuando llega otra mala noticia, su segunda hija había sido asesinada por su pareja. Estaba siempre enojada, poseía una ira incontrolable. Un día llegan a la institución carcelaria un grupo de capellanes, ella escucha los cánticos, se asoma y uno de los miembros de capellanes, la llama y le dice, "por favor, acércate". A lo cual ella responde en un tono desafiante, "me mataron a mi hija".

El capellán la sigue llamando, pero ella se desapareció de la vista de él. Esa noche se realizó una fuerte oración por Lourdes en unión de todos los capellanes y las reclusas presentes.

Al próximo mes que volvió el grupo de capellanes a reunirse con las reclusas, entre ellas estaba Lourdes. Ha seguido asistiendo a todos los cultos celebrados en la prisión. Ha mejorado mucho, ha cambiado su actitud e indica que el tiempo que le falta por cumplir lo hará con el deseo de nunca más volver a ese lugar. Sus hijas la están visitando, Pedro también. Lourdes tiene un hermano que la busca y la aconseja para que pueda salir y hacer todas las cosas diferentes a las pasadas veces que se ha integrado a la sociedad.

Ha transcurrido el tiempo, Lourdes sale de pase regularmente, lo pasa en compañía de su hermano. Él se la presenta a algunas vecinas y no pueden creer que esa persona sea Lourdes, su rostro se ve diferente, posee una expresión de paz, brillo y felicidad. Al ellas comentarles lo diferente que se ve, ella le indica que el cambio lo realizó

Dios en su vida, que sin él ella no lo hubiera logrado. Ella está próxima a salir de la cárcel y afirma que no se irá con Pedro a vivir, porque ya no necesita de él, sino que su residencia será con su hermano, al ella expresar esto a su hermano, él comienza a llorar, pero es un llanto de felicidad.

Lourdes continúa capacitándose en todos los talleres que le brindan en la institución carcelaria y sale a trabajar durante los días de lunes a viernes. Para cuando salga a la libre comunidad pueda integrarse a la sociedad. Siempre se halla buscando de esa paz, que tan solo Dios sabe dar. Filipenses 4:7

Historia de Leida

Historia de Leida

Leida es una joven alegre, inteligente, de un cuerpo esbelto y unas piernas hermosas, le encanta bailar salsa, merengue y socializar con sus amigos. Termina su bachillerato en secretarial y comienza a trabajar en una agencia de plan médico. Leida comienza a compartir con sus compañeros de trabajo, salen a almorzar y en ocasiones a bailar. En una ocasión, se encontraba en una fiesta y se le acerca este hombre guapo, serio, maduro de algunos treinta y siete años, el cual le lleva catorce años. Él la saca a bailar y mientras están bailando, él se presenta; "me llamo Luis y trabajo también en la empresa, me gustaría conocerte y compartir más contigo". Así de esta manera establecen una relación de amistad, en ocasiones salen a almorzar y a bailar. Hubo una fiesta de navidad en la compañía, el empleado que deseará asistir debía pagar el costo de la taquilla, la cual incluía comida y bebida, la cual Leida pago en su totalidad. Luis ni tan siquiera se inmutó a invitar a Leida a dicha actividad. Él les comentaba a todos en la oficina que ellos eran novios, lo cual ella desconocía. Al llegar a la fiesta, Luis pretendía que Leida bailará solamente con él, pero ella estaba en desacuerdo total, ya que fue ella la que pagó su taquilla y no él. Él se tomaba un trago e inmediatamente entraba al baño. Esto llamó mucho la atención de Leida pero, ella le hizo caso omiso. Mientras él se encontraba en el baño, ella bailaba con sus compañeros de trabajo. Él se disgustaba por esto y sus amigos se burlaban de él diciéndole, "adiós y tu novia". Leida y Luis establecen un noviazgo. Leida no conducía vehículo alguno, por este motivo depende de la transportación pública ó de otras personas para que la transporten de un lugar a otro. En algunas ocasiones, la amiga de Leida le daba pon hasta su casa. Cuando el padre de Leida no la puede llevar hasta su trabajo, ella se va por transporte público, y Luis la lleva de regreso a su casa. En una ocasión que Luis la lleva de regreso a su casa, él le insiste en entrar a un motel, a lo cual Leida le reclamaba que ella era señorita, que no deseaba cometer ese error, que ella deseaba casarse y salir de su casa vestida de novia. Él no creía en lo que ella le decía, así que entró al motel, la violó, la sodomizó brutalmente, tenía laceraciones internas y en sus labios vaginales, ella indica que no podía caminar y le dolía demasiado. Al él observar sangre en la cama, se sorprendió. Al ella llegar a su casa estaba asustada, temblorosa y no comentó nada a sus padres, pero no pudo conciliar el sueño en toda la noche. Al otro día en el trabajo, Luis no le habló, ni tan siguiera la miró.

Pasada una semana que Luis no le hablaba a Leida, restablecen la comunicación entre ellos. Las salidas eran más frecuentes al motel. Leida comienza a tomar pastillas anticonceptivas, para de esta manera evitar embarazos no deseados. La madre de Leida le indica, que ese hombre no es para ella. Ya que él era mayor y tenía hijos, un hombre extremadamente celoso, el cual le indicaba con quien salir e inclusive con quien hablar.

Durante los años de noviazgo, eso eran escenas de celos constantes y formaba escándalos a causa de los celos. En una ocasión en el trabajo, él formó un espectáculo a causa de los celos por una falda corta que ella llevaba puesta ese día.

Deciden casarse, se mudan a una casa alquilada de dos niveles. Un día Leida estaba limpiando en su hogar, escucha un ruido de un vehículo, se asoma al balcón, ella muy contenta exclama, "¡llegaste!" Él observa que Leida tiene puesto un pantalón corto, enfurecido, sube las escaleras, la coge por el brazo fuertemente, la arrastra desde el balcón hasta el interior de la casa, en el cuarto comienza a darle en el rostro, hasta dejarla toda ensangrentada y rompiéndole el pantalón que llevaba puesto. Mientras la golpeaba, lo único que Leida decía, ¿por qué me golpeas? Sus mejillas en vez de ser rosadas se tornaron púrpura. Durante días y noches, Leida no le dirigió palabras algunas, pero él le insistía diciéndole "no lo volveré hacer, perdóname". Ella tan solo le preguntaba, "¿por qué me golpeaste?" Leida, queda embarazada y tiene su primer hijo. Todo estaba marchando bien en la casa. Pero, un día el jefe de Leida y Luis, le solicita que acudan el sábado al trabajo, a lo cual ellos no acceden, la despiden del trabajo a ella y a Luis lo suspenden por una semana, sin paga.

Comienzan las peleas continúas en el hogar y las salidas de Luis son más frecuentes. Sus borracheras eran constantes, él siempre que salía, le decía a ella que iba a tomar unos tragos con sus amigos. Una noche, Leida sueña que Luis está saliendo con otra mujer. Al levantarse en la mañana recordó el sueño, pero se dijo a sí misma, "él lo que sale en las noches es a beber con sus amigos" y olvidó el sueño por completo. Leida comienza a trabajar en el Recinto de Ciencias Médicas, en el Centro Médico de Río Piedras, en función de secretaria. Una noche la amiga de Leida, la invita a ir a divertirse un rato, ella le indica que la pase a recoger, ya que Luis se había ido con sus amigos a beber. Al ella entrar al salón de baile la primera cara que visualiza es la de Luis, bailando con otra mujer. Ella recordó su sueño e inmediatamente entra al baño llorando y la mujer que acompaña a Luis la sigue, ella le dice, "Luis y yo no tenemos nada, solo somos amigos y compañeros de trabajo". A lo cual le contesta Leida entre sollozos, "así mismo comencé mi relación con él". Salió del baño, él siguió bailando con la mujer y no le importaba que Leida estuviera allí presente. Estuvieron Leída y Luis enojados y sin hablarse durante toda una semana.

Las borracheras de Luis son más frecuentes, estando en ese estado de embriaguez durante una tarde, Leída le sirve la comida y él le tira el plato hacia el suelo; vociferando insultos, dirigiéndose al cuarto y se orina dentro de la gaveta dañando toda la ropa que había adentro. En otra ocasión, saliendo de la celebración de la boda de unos amigos, hubo un accidente en la carretera, Luis impacta otro carril chocando a otro conductor, el carro dio vueltas y vueltas, el baúl se incendió hasta llegar al guía, de milagro que están vivos para contarlos.

Cuando más tranquila estaba Leída en su hogar, él salía con unas clases de preguntas, como para comenzar una discusión, pero como ya Leída sabía por dónde venía él, ella se dispone a contestarle con serenidad. En esta ocasión él pregunta, ¿quién tú quieres más a tu mamá o a mí? Ella le explica que son amores diferentes, pero que los ama a ambos, por igual. Así de esta manera Luis queda desarmado y no puede comenzar dicha batalla.

Una tarde Leída va a hacer unas gestiones y deja al niño al cuidado de su madrina. Leida había llegado a casa de su tía, ya que se encontraba por esa ruta y deseaba saber cómo estaba ella. Suena el teléfono, era Luis en estado de embriaguez o bajo efecto de las drogas, y le pide, que llegue a casa de la madrina en busca del niño o él se lo llevaría. La prima de Leída le indica que no fuera sola, que debe acompañarla y así lo hacen. Cuando entran a casa de la madrina, sus ojos reflejaban ira y odio, toma a Leida por el cuello apretándola sin mediar palabra alguna. Él niño comienza a gritar, "¡suelta a mamá, suéltala!" De regreso a casa de la tía de Leída, él niño lo primero que expresa, "papá cogió por el cuello a mamá". La tía le indica a Leída, "sí lo vas a denunciar a la policía te acompañaré, no te dejaré sola". Leida toma la decisión de acudir al cuartel de la policía a realizar la denuncia, ambas acuden y Leida realiza la querella, mientras que dejan al niño al cuidado de su prima.

Al llegar la noche, Leida se mira en el espejo, tiene su cuello de color negro y la garganta le duele, al recordar lo sucedido se desvanece nuevamente y comienza a llorar y llorar, no podía contenerse, tuvo que tomar una almohada y tapar su boca, para que su hijo no la escuchará. Luis llega al hogar como si nada hubiese sucedido, Leida le indica que la lleve a casa de su mamá, que no quería vivir con él ni un día más. Así, Luis accedió a la petición de ella, dejándola en casa de su madre. Leida comenzó los trámites para el divorcio, ella costeó todos los gastos del proceso, abogado y sellos. Luis nunca se preocupó por el niño ni lo buscó.

Pasaron varios años, conoce a un hombre joven llamado Antonio, era comerciante. Ella pensaba que, con la compañía de este hombre, podría formar una familia. Lo estuvo observando por alrededor de dos años. Ella se da cuenta que al hombre le gusta la droga y el alcohol. Aunque todavía no han formado un hogar, siguen su relación. Al poco tiempo, ella queda embarazada de su segundo hijo mientras vive con su madre. Un día llega Antonio y le propone a Leida, que se mude con él a una casita que él tenía y así, Leida lo hizo.

Las borracheras de Antonio ahora eran visibles ante

los ojos de Leida. Una noche Antonio llega con una de sus borracheras. Comenzó a criticar la comida que Leida había preparado. Pero, inmediatamente Leida, se le abalanza encima de él y eso es bofetada viene y bofetada va. Le dio una paliza que el hombre estaba tan avergonzado de sí mismo que permaneció en el piso, hasta la mañana siguiente. Al Leida observar lo que había hecho, se asustó, pero inmediato, recordó la situación que había tenido con su anterior esposo, y se dijo a sí misma, "a mí no me vuelven a pegar". Dichas estas palabras se confortó así misma, justificando sus acciones. Antonio estuvo por espacio de un día que no le hablaba a Leida. Le decía a ella, que se iba a ir del hogar, que él no podía seguir soportando esa clase de violencia doméstica hacia él. Pero él no hacía nada de lo que decía que iba hacer. Pasaban los días y el hombre olvidaba el acto de violencia cometido por Leida contra él. Aunque estuviera frustrado o dolido, se lo callaba. Pero la misma historia continuamente se repetía y Antonio tomaba la misma posición y actitud. Él decía "ella es mi vida".

Pasaron los años, los dos niños ya son adultos, el hijo menor es un comerciante, administra su propio restaurante. El mayor cae preso en la cárcel y Leida le indica a su padre que acuda a visitarlo, pero él nunca cumple el pedido de ella; así que ella es la única que va a ver como se encuentra y a llevarle a su hijo lo que necesite.

Al pasar un año de la partida de la madre de Leida a morar con nuestro señor Jesucristo, Antonio se levanta una mañana con un fuerte dolor en el abdomen, su vientre está muy inflamado. Leida, le indica a Antonio, "vamos al médico" lo cual él contesta, "no iré esto se me quitará, según llegó se irá". Pasaron varios días, hasta que en una mañana se levanta y le dice a Leida que no soportaba el dolor, que lo lleve al médico. Al llegar al hospital inmediatamente que el médico lo examina, tenía perforado el intestino, lo entubaron para estabilizarlo y corrieron con él, lo entran a sala de operaciones, le cortaron un pedazo del intestino grueso, era un cáncer lo que él estaba sufriendo. Al salir de la sala de operación, se observaba que su vientre había bajado y lo dejaron en la sala de intensivo, en observación. Al pasar dos días, Antonio muere. Leida, junto a sus hijos pasaron el duelo y el dolor de la perdida de Antonio. La familia de Antonio le dio la espalda a Leida, le indicaron que debía abandonar la casa donde vivía junto a Antonio, así que ella se muda a casa de su hijo menor, él comerciante. Ha transcurrido un año de la muerte de Antonio, cuando en una madrugada, su hijo mayor había sido asesinado por impactos de balas en su abdomen, en una residencia en el pueblo de Carolina. Transcurre el tiempo, una madrugada del mes de diciembre la llama la policía indicándole, que acudiera al Kilómetro 4.7 del pueblo de Guaynabo a identificar el cuerpo fallido de su hijo menor, el cual había sufrido un accidente, saliendo de su negocio. Al Leida llegar al lugar, ve a su hijo con múltiples traumas, su piel lacerada, sus zapatos y sus prendas, se las habían robado. El vehículo que él conducía un Porche 911 del 2021, partido en tres pedazos. Esa madrugada no durmió nada, vio el sol salir. Lloró y lloró, pero por algo divino se mantenía ante todas esas adversidades fuerte y su rostro no reflejaba dolor alguno, sino paz y serenidad. Todas esas adversidades ocurrieron año tras año.

Actualmente Leida le sirve a Dios, es su fortaleza y el bálsamo que ha curado todas las heridas en su corazón, alma y mente. Su mayor anhelo es su familia, sus hermanos, sobrinos y primas, que todos estén bien y puedan compartir en armonía.

Historia de Carmen

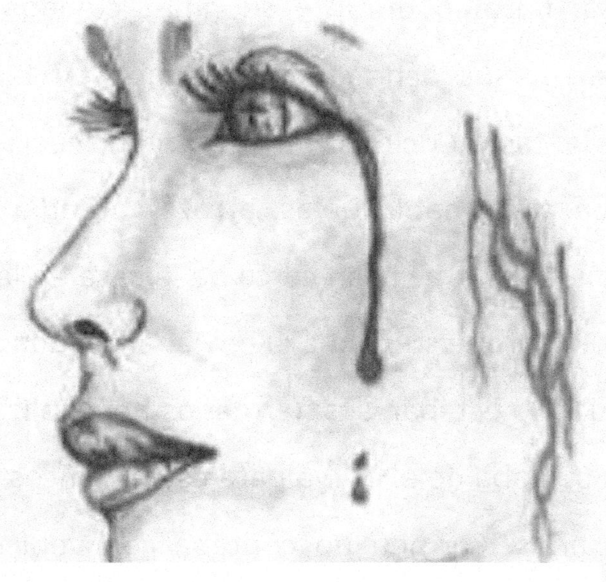

Historia de Carmen

Carmen, es la segunda hija de once hijos, siete hombres y cuatro mujeres. Es una familia pobre con muchas necesidades. Sus padres trabajaban en la finca y en la casa. Carmen durante su niñez cuidaba de sus hermanos. A sus ocho años trabajaba en la finca y mantenía la casa. Cocinaba en un fogón, cocía tabaco, desgranaba maíz, habichuelas, arroz y atendía peones. Asistía a mujeres que vivían cerca de la casa en la crianza de sus hijos, porqué su mamá la enviaba a ayudar en esas tareas. Cuando estaban sus hermanos hospitalizados era ella quien cuidaba de ellos, ya para ese entonces contaba con doce años. Carmen no contaba con vehículo, ella caminaba a pie. Iba a la escuela descalza. A pesar de diferentes experiencias negativas incluyendo acoso sexual de familiares y maestros, ella siempre fue estudiosa, lo cual le benefició en poder obtener una beca escolar. En una ocasión, Carmen sale de la panadería propiedad de su tía, a la cuál ella iba a ayudarla y ganarse un dinerito, para los gastos de la escuela. Ese día su padre no pudo ir a buscarla, se encuentra esperando el transporte público, en la carretera número uno, para llegar al pueblo de Caguas, donde caminaba hasta llegar dónde se encontraban la transportación pública para llegar a su barrio, y caminaba dos kilómetros más hasta llegar a su hogar. Se le acerca un vehículo con tres hombres adentro, uno de ellos estaba armado. La meten en el vehículo, siendo amenazada por el hombre con un arma de fuego en mano. Carmen perdió la conciencia, y luego despierta en un estacionamiento de una antigua tabacalera en Caguas. Carmen, logra caminar hacia el lugar donde cogerá la guagua hacia su casa para el barrio, San Salvador. Mientras ella iba caminando ensangrentada, triste, llorosa y adolorida nadie se dignó en preguntarle que le había ocurrido. Al llegar a su hogar le cuenta todo lo sucedido a sus padres y ellos comenzaron a realizar juicio y preguntar, "¿por qué no hiciste esto, por qué no fuiste allá o acá?" No la entendieron y mucho menos le prestaron la atención emocional, mental y física que conllevaba la situación, porque ellos no poseían el conocimiento suficiente para buscar la ayuda necesaria, finalizaron la conversación y le advirtieron "no le digas a nadie". Carmen no ha podido olvidar el incidente que había sufrido. Esto la llevó a desconfiar de todo hombre que se le acercaba, ella los rechazaba. Pensaba convertirse en una monja, quizás para refugiarse y sentirse segura, y estar retirada de los hombres.

A los quince años ella conoce a un joven y comienza un noviazgo con él. A los dos años de relación, él intenta tocarle un muslo. Ella responde sacando su mano del muslo e inmediatamente le da una bofetada, dando por terminado el noviazgo.

Carmen era un pilar para sus padres. Ellos le consultan todo a ella, incluyendo decisiones importantes que deben tomar. Carmen da un paso importante en su vida, luego de finalizar la escuela superior, se matrícula en la universidad. Deseaba estudiar leyes o medicina. Él joven con el cual ella había roto el noviazgo deseaba mantener la relación reconociendo los límites de Carmen y respetando su deseo de mantenerse abstinente hasta el matrimonio, así que él le propone a Carmen formar un matrimonio. Carmen acepta y a los diecinueve años se casa. Fue una hermosa novia, vestida de blanco y ante el sacerdote, ósea por la iglesia. La luna de miel fue espantosa, una de hiel, fue tan agresivo al tener contacto sexual la primera vez, que laceró su cuello uterino. Carmen, temerosa permaneció encerrada en el baño. Al acudir al hospital por sus múltiples laceraciones, ella les pide a los médicos, "por favor no le comenten nada a mis padres sobre esta situación".

Carmen continúa con sus estudios, mientras trabaja en una tienda de productos de belleza a tiempo parcial. Luego comienza a trabajar en una fábrica de productos de gran prestigio. Lo cual a su esposo le disgusta mucho y le dice que deje los estudios y el trabajo, que él la recompensará. Ella accede a los deseos de su esposo al quedarse en casa, aun cuando su mayor deseo es estudiar. Un día Carmen observa que su esposo mira a su hermanita de nueve años con lujuria, ella le indica que no le gusto la mirada con que observo a su hermanita, a lo cual él le contesta, “¿cómo la miré?” Ella le indica que la miro con deseo de índole sexual y le hizo hincapié, que ella tan solo era una niña. A lo cual el negó su deseo por la niña. Pasaron algunos meses después de ese evento. Él esposo de Carmen, comienza a construir casa para ellos residir en el terreno propiedad de los padres de ella y vivir todos cerca. Un sábado, se encuentran en la construcción y él le dice a la hermanita de Carmen, que fuera al rancho y le trajera una herramienta que él necesitaba y él va detrás de la niña. Carmen escucha una voz interna que le indica, “corre al rancho y salva la nena”. Carmen llega al rancho y encuentra a la niña con sus pantaloncitos bajados y él aproximándose a ella. Carmen le indica a su hermanita, que corra a la casa, ella se abalanza encima de él dándole golpes, mientras le decía, “es una niña cómo es posible que hicieras algo de esa magnitud”. Carmen llega a la casa y le cuenta a su mamá todo lo sucedido. La madre lleva a la niña al hospital, la cual encubre al esposo de su hija y le hace una historia diferente a la enfermera, le cuenta que entró un ladrón a la casa y cuando ven al hombre como tenía a la niña con sus pantalones abajo le gritaron y salió corriendo por una ventana hasta perderlo de su vista y al cual ellas no conocen. Como era un fin de semana, el padre de Carmen se encontraba en un cursillo en el pueblo de Juncos. Al llegar el padre de Carmen al hogar, mamá cuenta la historia a su padre, Carmen le expresa a su padre que quiere divorciarse porque ella no soportaba lo que había intentado hacer a su hermanita. A lo cual el padre le contesta a su hija, "tú te casaste para toda la vida y no puedes divorciarte". Como él esposo de Carmen era ahijado del padre de ella, ambas familias de fe católicos: el padre de Carmen le indica a él, "tú familia jamás se enterará de todo lo sucedido".

Continuaron con su relación, no importaba el turno de trabajo que él tuviera siempre llegaba tarde a la casa, porque se iba a beber con sus compañeros de trabajo. Carmen queda embarazada, pero pierde al bebé. En algunas ocasiones la pateaba de la cama al piso. Dudaba de los embarazos que tenía Carmen, si eran de él o no, le vaciaba las gomas del carro para que ella no pudiera salir.

Pasaron los años, Carmen tiene tres hijos logrados y tres embarazos perdidos. Carmen desarrolla su negocio de alimentos para eventos, su esposo observa que le va bien a ella, ya que Carmen es una buena administradora. Una noche él le dice a Carmen, "deseo dejar el empleo en la farmacéutica y quedarme contigo ayudándote en el negocio". Así lo hizo, a pesar de ella oponerse. Años más tarde, Carmen se encontraba embarazada con siete meses de gestación, una noche a eso de las nueve y treinta minutos, mientras él se encontraba durmiendo, ella entra al cuarto a bañarse, pero se le había olvidado buscar una bata, prendió la luz y olvida apagarla. Él se levantó, fue al baño, la toma por el cabello trayéndola hasta el enchufe de la luz y le indica, "mira esto se apaga y prende aquí". Inmediatamente le da un puño en la cara, cayendo ella al otro cuarto. Ella tenía rota y ensangrentada su nariz, boca y barbilla. Ella se les acerca a los niños ya que estaban gritando y llorosos para consolarlos, mientras que el hijo mayor le grita, "no le pongas el apellido de él a ese bebé", el otro niño le tiró con una china y el pequeño se le pegó a Carmen entre sus piernas, llorando mientras le decía a su papá, " ¡no la golpees!" Ella corre a casa de su papá con sus tres hijos. El padre llamó a la policía. Su padre poseía un revolver, el cual se dispuso a entregar, porque él le decía a Carmen, "sino lo entrego, lo mato". La fiscal le indica a Carmen, que puede realizar una querella, así lo hizo y a la vez solicitó una orden de distanciamiento.

Carmen ha estado separada de su esposo por espacio de tres meses. Un día aparece él y le pide a Carmen que lo perdonará; A lo cual ella accedió por segunda vez. En ese transcurso de tiempo, Carmen tuvo a su cuarto bebé, un niño hermoso.

Una noche llega su esposo a la casa borracho, la encierra en el cuarto de baño, amenazándola con un cuchillo puesto sobre su cuello. A los niños escuchar el forcejeo de ambos en el baño, ellos tocan la puerta mientras a la vez llorosos, suplican al padre que les abra la puerta, que no le haga daño alguno a su madre. Así de esta manera, Carmen pudo zafarse de las manos de su esposo, ella sentía que se desmayaba. Él abrió la puerta y

Carmen corrió junto a sus niños, tomando al bebé en sus brazos y montándose a su vehículo. Mientras los niños van llorando y gritando, ella conduce sin saber a dónde ir, sin ella misma darse cuenta a dónde ha llegado. Carmen pensó que esa noche, perdería su vida. Episodios como estos de violencia en el hogar de Carmen eran continuos. Carmen, no tenía a quien acudir por ayuda y mucho menos desahogarse, porqué su hermana confidente, había muerto en un accidente de tránsito.

Uno de sus hijos, llega un día de la escuela a la casa, él cual se encontraba cursando el tercer grado en la escuela elemental, con dolores y inflamaciones en todas las articulaciones y pérdida de apetito. Carmen, lo lleva al médico y lo diagnostican con cáncer. Ella lo lleva a otro hospital en Caguas, donde le indican que no es cáncer. Le hacen pruebas de sangre, los niveles de inflamación corporal estaban muy alto, lo normal es quince a veinticinco, pero él tenía noventa y ocho. La doctora le indica, "tú hijo morirá, porque el corazón se le hinchará y colapsaran sus pulmones". Una madrugada a eso de las doce de la mañana su hijo le suplica a Carmen que coja un cuchillo y le corte los pies. Carmen llorosa, clamó a Dios, "Dios tu no escuchas lo que te estoy pidiendo, no soporto ver a mi hijo sufriendo, sino lo vas a sanar mejor llévatelo, sí lo sanas ponme dónde me necesites, y te serviré". Inmediatamente ella escucha una voz que le dice, "recuerda que él no te pertenece". El cuarto se impregnó de un olor a flores, Carmen, bajó su cabeza en señal de sumisión y arrepentimiento y le dice, "señor perdóname". Inmediatamente siente paz, esperanza y fe de que todo cambiará. A las seis de la mañana, su hijo deja la posición fetal acostumbrada de estar acostado, comió y camino.

Al llevarlo donde la doctora, le realiza todos los exámenes correspondientes, al tocarle las articulaciones no le duelen, todo está bien, no existe indicios de la enfermedad. La doctora expresa que no cree en los milagros, a lo cual Carmen le contesta, "solo es orar y creer que Dios obrará. Él observó mi corazón y realizó mí milagro". Él es un joven excepcional y le gusta ayudar a las personas en todo lo que él puede.

Para el año 2004, Carmen se convierte en legisladora municipal, la primera mujer en tomar dicha posición para ese entonces. Ella siempre ha sido líder comunitario en su barrio, en el pueblo de Caguas. Carmen es una mujer de fe, siempre oraba a Dios para que no le diera hijas por lo sucedido con su hermanita. Los eventos de violencia doméstica en su hogar eran repetitivos, unos tras otros. Estando una noche en su trabajo en la legislatura, recibe una llamada urgente de uno de sus hijos donde le indica que su papá borracho, está amenazándolos con un machete en mano, con matarlos, sí ella no llega. En varias ocasiones, Carmen le ha propuesto divorciarse a lo cual él le contesta con amenazas; que sí a ella se le ocurre, solamente con poner la demanda de divorcio, la va a matar junto a sus cuatro hijos.

Los niños crecieron y se convierten en jóvenes. Sin embargo, afectado por el trauma vivido en el hogar, uno de sus hijos desarrolló una fobia al ver llegar a su padre todos los días a la casa. Él corría a esconder los cuchillos, por el temor de estar cerca de él y que ocurriera una desgracia por eso tuvo que recibir ayuda psicológica. Su otro hijo, fue diagnosticado con déficit de atención.

Dos años después, su esposo se enferma de los riñones y Carmen renuncia a su trabajo para cuidarlo. Aún con su condición renal y dificultades para caminar, él bajaba las escaleras para ingerir alcohol. Carmen busca ayuda espiritual en la iglesia para que él dejará su adicción al alcohol, pero todo era en vano. Su esposo siempre expresaba que la persona a quien más daño le causó era quien cuidaba y velaba por él. Aunque aún enfermo atacaba a Carmen, la manipulaba con un sinfín de cosas e intentos de suicidio, ella permaneció cuidándolo junto a sus hijos. Finalmente, él recibe servicios de auspicio en su hogar, lo cual fue un respiro para Carmen. Durante sus días de enfermedad, él le contaba a Carmen que veía una niña rubia, con ojos azules, vestida con un traje violeta, sentada en su cuarto, a lo cual él pensaba que pudo haber sido la hija que nunca tuvo. En su proceso de enfermedad le pedía a Carmen que rezará a Dios para que lo enviará a buscar. Pero, Carmen le contesta, "quién tiene que pedir eso a Dios eres tú y la decisión la toma Dios". En su proceso de enfermedad el esposo de Carmen lee la biblia y queda fascinado con la historia de Job que decide hablar con Dios en oración. Dios le dice que esa semana él se lo llevaría. Al aparecer murió y por unos instantes observó muchas flores de diferentes colores y escuchó una voz que le decía, sigue la luz en el túnel. Entonces él observa un ser con cabello dorado, vestido de blanco, el cual le dice, "todavía no es el tiempo, debes regresar". El desfibrilador lo volvió a revivir. Sus hijos le expresaban que valorizará a su madre quien era el único ser que estaba a su lado. Pasaron muchas necesidades en su hogar ya que el único ingreso era su pensión de seguro social y ya tenían dos hijos universitarios. Una semana después de haber hablado con Dios, el esposo de Carmen muere. Durante su agonía, en su lecho de muerte, solamente pronunciaba el nombre de Carmen. Aprendió a valorizar a su esposa y la mujer que tuvo a su lado. Una mujer con valores, de gran fe, leal, que lo daba todo por sus hijos. El esposo de

Carmen muere a sus cincuenta y dos años, después de treinta y dos años de casados. De niño su esposo sufrió maltrato de parte de su madre, el padre de él fue alcohólico. A Carmen le dolió mucho la manera como el murió, impotente, solo y agresivo. A pesar de los años soportados del maltrato, abuso físico y verbal durante su matrimonio con él, fue triste verlo en esas condiciones.

Tras la muerte de su papá, el hijo menor de Carmen comienza a experimentar episodios de depresión severa que lo llevaron a intentar suicidarse en tres ocasiones. La frustración de no haber podido ayudar a su padre con su problema de adicción al alcohol contribuyeron a la depresión de su hijo. Carmen, no lo dejaba solo, lo sobreprotegía hasta el punto de depender al extremo total de ella. Hasta que su hijo recibe tratamiento y logra superar su depresión.

Han pasado dos años y medio desde la muerte del padre de sus hijos, Carmen continúa ayudando a sus hijos, con el cuido de sus nietos, sigue laborando como líder comunitario y por supuesto también en la iglesia. Conoce a un hombre de buena familia, trabaja en una tienda de ropa de hombres. Es un hombre maduro, divorciado, bien vestido, y con buenos hábitos, no fuma, y mucho menos toma alcohol. Un día, él le pide una docena de pasteles, Carmen acude a entregarle los pasteles, pero él no tenía dinero para pagarlos al momento, a lo cual ella sin problema le contesta que se los pague luego. Él le pide a Carmen que fueran amigos, así comienzan una amistad. Salen a comer, a pasear e inmediatamente él le propone matrimonio. Ella le responde que no conoce la historia de él que necesitan conocerse más. Él le cuenta a Carmen que la razón de su divorcio se debió a celos por parte de su esposa. Antes de él y Carmen establecer un noviazgo, ya él le decía a todo el mundo que ellos eran novios. Ella iba a compartir en las fiestas de la familia y el continuamente la llamaba, con preguntas, "¿dónde tú estás?" "¿Qué estás haciendo?" "¿Con quién estas?" Se le aparecía a Carmen a todos lados donde ella estaba.

Él novio conoce a los hijos de Carmen, a los cuales les agrado su personalidad. Sin embargo, ella no conoce al hijo de él ya que este se encuentra viviendo en los Estados Unidos. EL novio, visitaba frecuentemente la casa de Carmen, quería estar todo el tiempo con ella. Carmen le enseña a bailar, y van a la iglesia. El desea cumplir con los sacramentos de la iglesia para poder casarse. Llegó el día esperado, y se casan. Toda la familia asiste a la boda, menos el hijo de él. En su trabajo, se le acercaban las personas que conocían a Carmen y le indican que se ha casado con una buena mujer, a lo cual él contesta, "porque crees que me casé con ella".

El hombre comienza a mostrar señales de celos, la celaba de todo el mundo, para él todo hombre estaba interesado en ella. Miraba a todo hombre que se le acercaba a ella con una mirada intimidante, como queriendo decir, "apártate". Era un hombre mentiroso. En las mañanas mientras Carmen dormía, él se encontraba mirándola. Hablaba poco, pero cuando hablaba, era pretencioso, egoísta y todo lo veía como una competencia y amenaza. Él desconfiaba de ella en todo momento. Aunque manifestaba ser un hombre que amaba a Dios y le servía, sus comportamientos eran cuestionables. Carmen y él tenían muchas diferencias: entre ellas, el trato de Carmen hacia sus hijos, comparado con el trato hacia él. Lo cual frecuentemente desataba una serie de discusiones entre ellos.

Los hijos de Carmen van notando los problemas en el matrimonio, pero, por respeto, no le dicen nada y mucho menos le reclaman a su madre. Carmen recobra su negocio de servicios de comida. Por su parte, él deja su trabajo en la tienda de ropa, para ayudarla en el negocio. El administra los acuerdos del servicio de las comidas y el costo de estos, con los clientes. Comenzaron a surgir problemas con los acuerdos que él establecía con los clientes, que se vio obligado a volver a trabajar a la tienda de ropa. Ahora, la desconfianza se torna más fuerte, los clientes y amigos, no podían llegar a la casa, si él no estaba presente. Los estados de sus cuentas personales, los rompía, y talonarios del trabajo los escondía. Aportaba poco para los gastos del hogar. Sin embargo, conocía todo lo que Carmen poseía económicamente. Él comienza a realizar un sinfín de cosas disparatadas, con el fin de perjudicar y lastimar a Carmen. Le ahogaba las plantas de agua y a las aves que Carmen tanto quería y cuidaba, le dejaba las puertas de las jaulas abiertas. Una vez, le envió la cotorra y a los guacamayos a volar. También dejó el perro morir. Sus hermosas orquídeas, murieron por falta de agua.

Uno de los hijos de Carmen se divorcia y va a vivir con ellos. El esposo de Carmen protesta, que él los está manteniendo, cuando lo único que él realizaba era comprar los alimentos que él mismo consumía. Un sábado, Carmen se dispone a celebrar el cumpleaños de uno de sus hijos, Carmen va a hacer una paella para la celebración, pero cuando ella va a buscar los mariscos para realizar la misma, para su sorpresa, su esposo había botado todos los camarones a la basura, lo único que quedó fueron parte de otros mariscos. El hijo de Carmen le reclama a él, "como es posible que los hallas botado, me voy, me voy" esa fue su reacción. Carmen se sentó, respiró y se dijo así misma, "contrólate".

Durante la actividad Carmen, le dice, “ven, intégrate” pero, él no se inmuta a participar de la fiesta. Carmen baila con sus nietos y amigos, nada provocativo, pero él la observa, y se enoja al verla bailar con otros. Él se transforma y la toma del brazo, sacándola del lugar y en un ataque de histeria le dice, “parecía una cualquiera, tú eres una vieja” a lo cual ella le contesta, “si te ofendí, perdóname”. Las yernas de Carmen suben las escaleras, hasta llegar al cuarto a consolar a su suegra. Al día siguiente de haberse celebrado el cumpleaños de su hijo, Carmen no podía sostener su llanto y decepción y se dirige a casa de uno de sus hijos. Entre sollozos le cuenta a su yerna que no soportaba más abusos de su esposo. Llevaba dos años aguantando el maltrato. Ella, había dejado de hacer compra de alimentos a ver si él se inmutaba a realizar la misma, pero nada cambiaba. Inclusive, había dejado de compartir con él, salir a actividades porque siempre realizaba escenas denigrantes hacia Carmen delante de los amigos y personas. Él hijo le confiesa, “mamá sabemos todo lo que está sucediendo, él no asumió el rol de hombre que le corresponde, lo que pasa es que tú no lo veías, pero nosotros no quisimos meternos en la relación de ustedes, esto me da mucho coraje". Carmen no deseaba un divorcio en su vida y tampoco desea enfrentarlo, así que les pide a sus hijos que lo confronte ellos. Así, todos sus hijos hablaron con él y le indican que tiene que irse de la casa, que su madre les había consultado y ha decidido divorciarse. Él indica que no tiene a dónde ir, que le permita quedarse en la casa mientras él consigue donde mudarse. Los hijos de Carmen no lo quieren en la casa. Pero, Carmen decide irse de la casa por su seguridad y se va a vivir con su hijo. Carmen comienza el proceso de divorcio. Él por su parte comienza a manipular situaciones para llamar su atención y detener el proceso de divorcio. En una ocasión la llama diciéndole, "estoy en el Banco y me desmayé, va a llegar la ambulancia y te van a llamar, ¿estás en tu casa o en el trabajo"? En otra ocasión le dice, "te he dicho que me van a operar". Busca talonarios del trabajo, estados de cuenta y se los muestra a Carmen, ella le contesta, "ya es demasiado tarde para eso".

Él esposo de Carmen alquila la casa del hermano de ella por espacio de seis meses, pero terminó viviendo en esta por espacio de un año. Poco después del divorcio, Carmen acude al trabajo de él en busca de dinero para pagar las deudas que ambos habían adquiridos durante el matrimonio, y él le indica, que se encargue de pagar ella, las deudas. Aunque se habían casado por capitulaciones, él no quiso negociar las deudas que habían adquirido durante el matrimonio, así que establecieron cierto acuerdo verbal. Sin embargo, él continuaba manipulándola a través de llamadas. Una vez, le dice a Carmen que se había vaciado una vena y se estaba desangrando por el tobillo. El hijo de Carmen le dice que ella no irá sola, que él iba a acompañarla. Ella, en su posición de cristiana, acude para verlo y lo ayuda limpiando la sangre en los cuartos y preparándole desayuno. Su hijo debe de regresar a su trabajo, así que le indica a Carmen, "tiene cinco minutos para salir de aquí". Las amenazas continúan aun después del divorcio, su exesposo no soporta verla con amigos que han sido de gran ayuda durante las adversidades que Carmen ha tenido que enfrentar en su vida. Él acude a buscar ayuda psicológica e involucra a Carmen en el proceso. Carmen acude a las citas de terapia con la psicóloga, las cuáles no funcionan, porque él no desea sanar, sino que está en busca de manipular a Carmen, para que ella vuelva con él, inclusive le propone la propuesta de convivir. En una ocasión la psicóloga trata de confrontarlo, le hace la pregunta, "¿tú has golpeado a Carmen alguna vez?". A lo cual él contesta con un rotundo "no" e inmediatamente Carmen le contesta, "tú me has maltratado verbal y psicológicamente". Al terminar la terapia, la psicóloga le indica a Carmen que no era necesario que ella volviera a las secciones de terapia.

En la actualidad Carmen piensa someter una anulación del matrimonio en la iglesia católica. Ella ha aceptado la ruptura con su esposo y ha sanado sus heridas. Ella continúa trabajando en la comunidad, y en la iglesia. Carmen cuida de sus padres, nietos y tiene una relación cercana con sus hijos. Ha tomado cursos que la han ayudado a sanar todas sus heridas y ver la vida desde una perspectiva diferente con un futuro más feliz.

Después de cuatro años de su divorcio, ella expresa con una sonrisa en sus labios, que vive feliz y abierta al amor a pesar de sus experiencias, no descarta el matrimonio con la persona correcta.

Historia de Natividad

La Historia de Natividad

Natividad Flores Velázquez nació un veinticuatro de diciembre de 1958, la mayor de tres hijos y uno de crianza. Sus padres la querían llamar Leticia, pero consultan el almanaque y por la navidad deciden llamarla Natividad. De cariño la llaman por Nati. Los padres de Nati son muy queridos en la comunidad donde viven, la madre es voluntaria en la comunidad y en la iglesia, respetada, activa, recta y diplomática. Es una buena madre, pero cuando observaba que uno de sus hijos salía de la zona de seguridad, se lo señalaba de inmediato. Su madre deseaba que Nati fuera lo que ella no pudo lograr en la vida. Nati, fue una niña extrovertida, vivaracha, expresiva y voluntariosa; siempre se distinguía por ser un líder nato. Estaba siempre involucrada en todas las actividades que se planificaban en la escuela. La madre de ella acude a la escuela en busca de apoyo de los maestros y directora para tratar de controlarla. Pero la directora le indica que ella lo que observa en Nati, son retos y perspectivas de vida. Nati repite el tercer grado porque saca notas bajas, incluyendo dos D. Aunque podía pasar al siguiente grado, su madre solicitó a los maestros que la dejaran en el grado y no la pasaran, porque pensaba que eran descuidos de la niña al estar metida en todas las actividades de la escuela. Esto le causó mucho dolor a Nati, su madre pensó que era lo mejor para ella y Nati terminó aceptando el hecho de permanecer en el grado.

A sus ocho años, Nati comienza a ser molestada por su primo sexualmente tocándole y manipulando sus labios vaginales con sus manos y dedos. Ella temía por su seguridad, su primo le había hecho hincapié por varios años, que no dijera nada a nadie. La intimidaba diciéndole, que sus padres no le creerían. El primo compartía mucho en la casa. El carácter de Nati no sacudió, peleó mucho con sus demonios. A veces su mamá le decía que era María Magdalena y otras la Virgen María. Ante los ojos de su madre, ella era una niña problemática. Pero, ella estaba asustada por la imagen que podría proyectar en los demás. Él primo la asustaba con una careta de diablo, lo cual ella lo asoció como algo demoniaco provocándole pesadillas en ocasiones. A pesar de todo esto Nati, fue muy determinada. Durante su niñez, estudió en la Academia San Alfonso y fue presidenta del Consejo Escolar en el noveno grado. Estuvo activa en la escuela superior como secretaria de su clase graduanda en el 1977. Nati tuvo un grado asociado en Administración de Oficinas en un Instituto Técnico. Nati, sentía tener un su mano un poder que al pasar el tiempo ella fue cultivando.

Nati se casa con su primer y único novio, Ramón un hombre bueno, proveedor, dedicado al servicio de los demás. Durante su matrimonio el hombre nunca se encontraba en casa, él era un fiel servidor de Dios, por lo tanto, se encontraba siempre en retiros, visitando enfermos, círculos de oraciones y en la iglesia. Esta situación crea muchos disgustos y conflictos entre ambos. Ella deseaba que su matrimonio funcionara, lo único que ella esperaba era sentirse amada, protegida por ese hombre al cual llamaba su esposo. Nati, comienza a trabajar en la iglesia con jóvenes y niños, quiso mostrarle a él que ella también podía trabajar en el ministerio de la iglesia sin desatender sus obligaciones en la casa y mucho menos sus deberes como esposa. Nati, no soporta seguir viviendo con un hombre que no le dedica tiempo, no está presente en los acontecimientos importantes de sus hijos, con la familia, inclusive en encuentros como pareja, que ella planifica. Le ha dado sin fines de oportunidades para que él pueda mejorar, pero él no responde. Por lo tanto, Nati toma la decisión de divorciarse. La familia de Nati no deseaba una separación o una mujer divorciada, por sus creencias religiosas. Pero, ella se mantuvo firme en su decisión. Nati y Ramón, se divorcian, después de once años de historia juntos y dos hijos, Efraín David y Luisa del Carmen: a los cuales le enseño la fe en Dios y valores importantes como el respeto a los demás sin prejuicios, que tuvieran la libertad de escoger su pareja sin importar el color de piel o la orientación sexual. Quería ser una madre ejemplar para ellos, sin cometer el mismo error que habían cometido sus propios padres al querer cohibirle su libertad. Nati siempre fue criticada por muchos por su decisión de divorciarse, porque su esposo era considerado un líder de arranque, pero consideraba que se habían olvidado de que ese líder sacrificaba el tiempo de sus dos hijos y el tiempo de ella, para entonces estar con los de la iglesia, su familia cristiana. Luego de su divorcio, Nati se dedica a planchar a domicilio.

Un día decide marcharse de Puerto Rico y se muda a los Estados Unidos, New Jersey. Su excuñada le habla que necesitan una maestra, pero no se sentía segura en su dominio con el inglés, pero sé dijo a sí misma, "tú tienes potencial" y recordó sus tiempos de niñez, "en ese tiempo yo pude, ahora que tengo más capacidad, puedo hacerlo". Entonces nuevamente sé puso a pensar en la oferta que le hizo su excuñada y decidió ir por dicha oportunidad de empleo. Al día siguiente acude a la escuela. Para sorpresa de ella, había tres monjas con veinte niños, algunos sentados y otros corriendo por el salón. Nati, se trepó en una silla y exclamó, "¡Attention!". Todo el mundo la miró con sorpresa, mientras que cada uno de los niños se fueron sentando. Ella llevaba en la cintura una soga, uno de los niños le preguntó, "¿are you a cowgirl?" Ella enten-

necesarias, sino que se rindió a la lucha. En esa retirada de estar con brazos caídos, gastó lo poquito que trajo de sus ahorros. Para ese momento Nati, no tenía ni la menor idea de lo que sucedería en su vida.

Un día Nati, escucha a su hermano con un sonido raro, como de sollozos. Pensó que estaba llorando cuando él sale del cuarto, Nati le pregunta, "¿tienes algún problema? Te escuché como llorando". A lo cual él contesta, "no, estaba dándome un pase". Nati le dice, "¡qué!". Y él le dijo, "mira, para enfrentar los problemas me doy un pase y se me olvida todo, tú debes darte un pase y olvidarás tus problemas". La curiosidad mató al gato, como dice el refrán, al tener una carga pesada tratando de sobrevivir, tratando de dejar ver que ella poseía potencial que es un ser independiente y que contaba con todo lo que se necesitaba para ejercer cualquier puesto en una oficina. Quizás la desesperación en que se hallaba en ese momento la llevó a hacer lo que quizás no hubiera hecho nunca en otra situación. Cometió el error que la llevó a hacer otro tipo de persona. Nati, no se justifica, pero tampoco se condena. Realizó un pacto con el diablo, en el cual se convirtió en su esclava, haciendo uso de las drogas.

Nati agradece a Dios y a los adultos con los que compartía, cuando iba al punto a comprar que nunca le permitieron hacer preguntas sobre otro tipo de droga o de otro tipo de forma de hacerlo, al contrario, siempre la mantenían a raya, la llamaban la doñita porque siempre ayudaba a todo el que se le acercará. Muchas veces iba a comprar la droga, solo para evitar los síntomas de abstinencia, porque era la que le controlaba los dolores de espalda, vómitos, diarreas y la taquicardia. El cuerpo se le descomponía cada vez que intentaba dejarlo. La ansiedad de consumir que ella sentía para que se le quitará todo ese dolor porque se iba como desmembrando poco a poco, la obligaba a seguir en ese problema de adicción a las drogas. Muchas veces, los que dirigían en el punto le decían, "señora, le pagamos allá afuera o aquí donde usted quiera un programa para que usted salga de esto. Usted es una mujer tan elegante, agradable, siempre está ayudando aquí a los demás adictos. Usted nos daña el punto. Usted acapara la atención de cualquiera que pase por ahí y que se pregunte, ¿hacia dónde irá esa doñita?" En ese momento le contesta Nati, "tú sabes, mí enfermedad es tan grande, qué soy aquí una cliente más. Si no me venden, voy a otro lugar". Al recordar esas palabras, Nati se dice a ella misma, "que ignorante era". Pero ahora, ve como Dios deseaba operar en su vida, la gente que le daba la droga hasta quería ayudarla a salir de eso. Pero Nati seguía hundiéndose más y más en su adicción.

Un día para su sorpresa, entró al baño a consumir su droga, dejó la puerta sin seguro sin darse cuenta, y entra su nieto Geison que tenía escasamente año y medio. Él abrió la puerta, extendió su mano y dijo, "dame de eso, que tengo hambre". Él pensaba que era dulce, lo que había envuelto en ese papelito brilloso. Nati se sintió avergonzada, decepcionada de ella misma, cayó de rodillas al suelo, abrazando el cuerpo de su nieto, llorando e implorando a Dios, diciendo, "Señor, si me ayudas a salir de este problema que me ha llevado a caer al hospital varias veces. Me ha llevado a que la mujer que era, no soy una sombra de ella. Preocupo a mi familia y avergüenzo a mis hijos. Te prometo tres cosas daré el testimonio, quien fui, de donde me sacaste, voy a ayudar a todas las personas en todo lo que me necesiten y sobre todo ayudaré a Luisa a criar a sus hijos". Lo que le quedó en la mano de la droga lo tiró por el inodoro abajo.

En octubre del 2009, su hija la va a visitar. Fue con su hermano, ambos estaban felices, la ven totalmente recuperada, fueron a comer a celebrar la vida. Nuevamente estaba la madre, mujer, y amiga que ellos siempre habían tenido. Estaba rehabilitada y ayudaba a otros a rehabilitarse. Estuvo en un complejo YWCA, de desintoxicación en el cual trabajó como voluntaria. Todo el que entraba al centro le preguntaba, "¿usted trabaja aquí?" A lo cual ella contestaba, "soy voluntaria". Todas las veces que repetía dichas palabras era en forma de autoevaluación. De cómo la vida, o las cambiamos en un segundo por las malas decisiones que tomamos. Arreglaba el boletín informativo de los seis niveles del complejo. Nati poseía un apartamento que le habían ayudado a conseguir, porque estuvo sin hogar por espacio de nueve meses. En Hartford, Connecticut estuvo rehabilitándose por seis meses de su problema de adicción a las drogas. Al subir otra vez un escalón en la vida, esta vez lo subía consciente y apreciando todo lo que había tenido a manos llenas y no había valorado antes.

Para sorpresa de Nati, lo que Dios tenía preparado para ella era más de lo que ella había prometido a ese padre amado. El día 10 de enero de 2010, su hija fallece días después de haber sufrido una caída en el hogar de Nati. Al principio fue fuerte a la hija fallecer, ella se hace cargo de sus nietos entre las edades de cuatro y siete años. Después de la muerte de su hija, sus nietos le preguntan, "abuela, mamá murió, ¿ahora quién nos va a cuidar? ¿Quién va a cocinar para nosotros? ¿En qué cama vamos a dormir?" Nati contestaba, "me voy a encargar de ustedes, ustedes van a vivir conmigo, no tienen nada que temer, mamá está en el cielo". Su nieto más pequeño William, cumplía en ese mes y él se acerca a Nati preguntándo, “abuela, ¿tú vas a celebrar mi cumpleaños”? Nati le contesta, “sí lo celebraremos”. Cuando entonces el nieto mayor de siete años le pregunta, “¿cuándo uno muere, abre los ojos en el cielo?” Nati le pregunta, “¿por qué preguntas eso?” Él nieto pequeño, le contesta, “por qué cuando mamá se cayó, nunca más volvió a abrir sus ojos”. Nati les explica en una forma sencilla pero clara, “mamá cerró sus ojos porque su cuerpo, lo que es material se queda acá en la tierra, pero su espíritu, lo que es su alma, su esencia, su interior, se elevó con una luz hacia quien lo da, que es Dios”. Esa noche vieron una estrella brillante que para ella no era una estrella, era un planeta, pero según ellos era una estrella y era mamá. Nati, les decía “así es, esa estrella es mamá” y a veces ella pasaba trabajo porque el planeta se les perdía y decían, “¿dónde está mamá?” Ellos entre sí, se contestaban, “pero no la ves allí”. Nati, no la veía, pero contestaba, “oh sí, sí ya la vi”. Trabajaron lo que es la pérdida de una forma espontánea y conforme a su fe espiritual. “Somos una materia, pero nos elevamos a otro nivel”, así Nati, les explicó que la muerte es un proceso que nos toca a todos en algún momento de nuestras vidas. Para sorpresa suya, entre sufrimientos y lágrimas, él más pequeño de sus nietos le dice, "púes debemos tener cuidado porque tú estás viejita". No le quedó de otra que reírse porque entendía que eran niños que habían perdido su mamá y lo habían presenciado. Poseían miedo de perder a quien entonces tomaría el rol de ser ahora su mamá y su papá.

El tiempo fue pasando, Nati, sigue trabajando con ambos, nota que su nieto mayor se aislaba. Empezó a entender que sus nietos, ambos eran amoroso, pero eran unos niños que necesitaban mucha ayuda. Entonces Nati, se da la tarea de buscar gente que le ayudará ya que Geizi había sido diagnosticado con déficit de atención y William que brincaba tres pelos de alambre como su mamá y su abuela, también recibía acomodaciones debido a ciertos problemas de conducta en la escuela. William, no sé concentraba, no tenía algún tipo de interés. Nati, se fue preparando y reeducándose. Dejando su bata vieja a un lado y adquiriendo una nueva. Se hizo voluntaria en las escuelas donde ellos estaban para que ellos supieran que había una madre detrás de ellos. De una abuela, paso a ser may, porque ellos decidieron llamarla así y a la del cielo, mamá. El terapista les recomendó que los dejará que la llamaran como ellos deseaban.

Nati, tuvo que ir a la oficina de la escuela para atender las necesidades y establecer un método de trabajo para sus nietos. Para sorpresa de Nati, la atendió una trabajadora social de nombre Amarillys Alvarado. Ella hace el acercamiento y le dice a Nati, "trabajo con abuelos criando en segunda ronda por mucho tiempo". El cielo se le abrió a Nati, porque sintió que había encontrado a alguien que podía entenderla y ayudarla. De esta manera comienza a trabajar con ella, quien se identificó con su historia. Nati comprendía que tenía frente a ella, uno de los retos más grandes en su vida y comienza a darse la tarea de no tan solo educarse ella misma sino de educar a otros abuelos. Comenzó a hacer portavoz en los simposios de la señora Amarillys Alvarado junto a otra colega, la señora Inés Rivera Colón y escritoras de un libro llamado, Abuelos y Abuelas

Criando en Segunda Ronda, con recomendaciones para los abuelos y abuelas que están criando en segunda ronda a tiempo completo o parcial.

Todas las noches Nati observaba las estrellas junto a sus nietos, se divertían, veían cosas que nosotros como adultos no nos detenemos a observar, quizás por nuestras preocupaciones y apuros que llevamos en nuestras vidas. Nati, comenta que a pesar de todas las cosas que vivió, ella deseaba ser un mejor ser humano para que ellos lograrán salir hacia delante y tener éxito. "Todo pasa por una razón de ser, ya sea una enseñanza o propósito", ella les decía a sus nietos. Mientras observaban las estrellas, ella les dice, "algo grande viene, no sabemos qué, pero algo grande viene". Todos se miraron con cara de sorpresa, tratando de descifrar lo que su abuela tenía en el lente y les aclara, "lo que les quiero decir, es que vamos a hacer un grupo". Nati, crea la organización sin fines de lucro, Redes de Alcance con el fin de ayudar a personas como Nati, abuelos criando a sus nietos, y establecer una red de apoyo y esperanza solidaria. Nati expresa, que puede hablar de la salud, equilibrio, fortaleza espiritual, fe y la importancia de cultivar estos elementos en nuestra vida diaria, como si fuera una planta que necesita nutrientes para subsistir. De sus experiencias, Nati saca la fuerza para ayudar a otros. Nati dice, "ayudamos a todas las personas mayores, pero, sin dejar el componente familiar que es lo más esencial". Acuden a las escuelas y ofrecen talleres donde enfatizan la integración familiar, lo cual es importante para todos los miembros de la familia tanto niños, jóvenes, padres y abuelos. Redes de Alcance actualmente cuenta con treinta y siete alianzas.

Actualmente sus nietos contribuyen con ella en la organización. Su nieto Geizi, trabaja toda la parte tecnológica de la organización y su otro nieto William, trabaja como moderador. Su planta física está ubicada en la antigua escuela Ezequiel Ramos La Santa en el pueblo de Aguas Buenas.

Nati expresa con una sonrisa en sus labios, "creó en Dios y seguiré confiando en él. Tuve que soltar muchas cosas que llevaba en mi equipaje para dejar de ser la loba que me consideraba, una loba alfa. Hoy en día miro hacia atrás para ver de donde vengo, para saber y reconocer que tengo un futuro lleno de oportunidades y una vida próspera, en abundancia”. Nati nos dice la frase bíblica, “demos gracias, por lo que por gracia recibimos”.

1era Tesalonicenses 5:18

“Quien no sirve para servir, no sirve para vivir”.

– Madre Teresa de Calcuta

Historia de Vicmariam

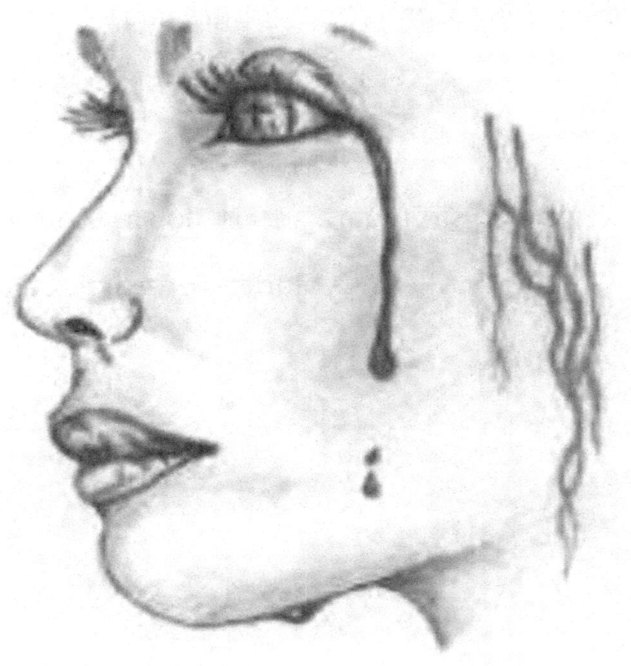

Historia de Vicmariam

La niñez de Vicmariam fue aterradora, una familia disfuncional por parte de su madre. Vivian en un campo del pueblo de San Lorenzo. En el hogar de su madre, la comida eran peleas y discusiones, nadie los quería cuidar cuando se enfermaba alguno de sus hermanos. Son tres hermanos que su mamá tuvo uno detrás de otro y Vicmariam es la mayor. La abuela, no quería cuidar de los hermanos mientras mamá llevaba a Vicmariam al hospital para que le atendieran su asma, Vicmariam se enfermaba mucho de esta enfermedad. La madre de Vicmariam, siempre estaba de casa en casa junto a sus hijos, sino estaban en la casa de la abuela materna, estaban con la abuela paterna. Su padre fue un hombre ausente, nunca estaba en la casa, siempre estaba en la calle, los mantenía, pero éste siempre andaba con mujeres. Un día su padre le dice a Vicmariam, que lo acompañará a comprar un litro de leche y él la envío de regreso a su casa sola con el litro de leche en sus manos, en medio de la oscuridad de la noche donde no había luz, tan solo contaba con cuatro años. Vicmariam siempre fue una niña, despierta, audaz e inteligente, quizás porque se había criado entre adultos y por las experiencias vividas a su corta edad.

En una ocasión contando Vicmariam, con solo siete años encontrándose todos ellos en el cuido, en el hogar de una señora, su padre los secuestra bajo la mentira de que su mamá los había enviado a buscar. Su padre no quería entregarle sus hijos a su madre quien se sacrificaba estudiando y trabajando para mantener a su familia. La madre luchó hasta más no poder por recuperar a sus hijos, pero no lo logró. Su padre seguía en la calle con mujeres, mientras los abuelos paternos cuidaban de ellos. Vicmariam, estuvo viviendo con su padre hasta los catorce años y medio, porque su padre no quería entregarlos. Vicmarian, decide por su propia voluntad irse a vivir con su madre.

A los diecinueve años establece un noviazgo con un vecino y amigo de ella, él cual la visitaba en su hogar. Vicmariam trabajaba en un supermercado que para ese tiempo se llamaba, Pueblo Extra. Ella deseaba estar sola en ese tiempo. No quería estar con nadie y él era quien la rondaba. La llevaba al trabajo y la buscaba. A los veinte años y medio, Vicmariam queda embarazada, pero, se queda a vivir en casa de su mamá. A los cuatro meses se fueron a convivir a la casa de la mamá de un amigo de él, quiénes les abrieron las puertas de su hogar. Tuvo a su primer hijo y nuevamente se mudaron, esta vez a la casa de la madre del novio en lo que conseguían un apartamento. Vicmariam ha dado a luz a su segundo hijo, un hermoso varón, que nació en el mes de septiembre. Vicmariam tiene dos hijos con este hombre, los cuales se llevan tres años de diferencia.

Le otorgan su apartamento, su nuevo hogar. Todo marchaba perfecto en la familia, su pareja era un hombre proveedor. Vicmarian le prepara desayuno y almuerzo para llevar a su trabajo. Ella lo llevaba al lugar de él laborar, pero un día él comienza a ridiculizar, degradando su imagen de mujer delante del jefe y de los compañeros de trabajo infiriendo toda clase de burla, comentarios despectivos, difamándola, diciéndole, “mente de pollo, bluper con pata, contigo hago un libro y me hago millonario”. A todos estos insultos, Vicmariam permanecía callada. Hasta el punto de provocar simpatía en sus compañeros de trabajo y amigos, que se aparecen en la puerta de su casa cuando él no se encontraba en el hogar.

Un día, volvió aparecer en el panorama una exnovia que él tuvo en el pasado. Se dañó toda la relación, comenzó a llegar tarde en las noches, comienzan los sinsabores, constantes disgustos. Vicmariam nunca le reclamaba nada. Una amiga de él, la llama por vía telefónica con la excusa que le mostrará la ropa que Vicmariam vendía. Se encuentran y la joven lo primero que le dice, “no le digas a tu marido que soy la que te he contado todo esto, pero tu marido está saliendo con otra mujer, la he visto entrar y salir de la casa de tu suegra, junto a él”. A lo cual Vicmariam, le contestó “tranquila, ya yo tenía mis sospechas”. Al llegar ella al hogar no le discutió, le recogió toda su ropa y le pidió que se marchará de la casa y así él lo hizo después de nueve años de convivencia.

Han pasado tres años después de haber terminado su relación con el padre de sus hijos. Vicmariam comienza una nueva relación con un compañero de trabajo, al cual conoce de un tiempo atrás, porque habían sido compañeros de estudios en la escuela. Confía en este hombre y decide comenzar a vivir con él en su apartamento. Al pasar el tiempo, comienza a ocurrir situaciones en el hogar, se burlaba de los niños, le metía el pie a los niños para que se tropezaran y él reírse. Un día, Vicmariam sale a botar la basura, cuando lo vio salir de un apartamento de una mujer vecina de ella qué vivía sola. Vicmarian le pide a él que abandone el hogar de inmediato. Convivieron durante un año de relación. Al ocurrir esta situación Vicmarian asume una postura de rebeldía, comienza a ingerir alcohol, a fumar. Cuando le tocaban los niños al padre, ella salía a distraerse a bailar a las discotecas y salones de baile.

Al pasar el tiempo Vicmariam decide rehacer su vida comienza a estudiar y a realizar su práctica de ayudante de maestra. Conoce a este hombre que vive con su hija,vecinos de ella. Él la observaba salir de su hogar y le ofrecía llevarla hasta la universidad, a lo cual Vicmariam le indicaba que no aceptaría tal ofrecimiento. Hasta que un día, él se para frente a su apartamento y la invita a cenar, lo cual ella aceptó con mucho agrado. Comienza a conocer este hombre maduro, aunque era mucho mayor que ella, él conquista su corazón. En el 2012, se casan. Fue una relación bonita, era un hombre proveedor, él compartía mucho con sus hijos y asistían a la iglesia. Hasta que él se enferma en el año 2016, empezó primero con un infarto y después se le dañaron los riñones. Luego de dos años de enfermedad fallece, en el año 2018 de complicaciones. Vicmariam, se aparta de Dios y el círculo fraternal de su iglesia. Ella comienza a salir a divertirse y conoce a nuevas personas, pero nada de eso la satisfacía. Vicmariam, escuchaba la voz de Dios y sentía esa inquietud de volver a una relación con Dios y de visitar una iglesia, pero no alcanzaba a dar ese paso. Hasta que un día un amigo la invitó a la iglesia donde él asistía en el pueblo de Naguabo. Ella aceptó la invitación y hasta el sol de hoy sigue permaneciendo en la iglesia. En la iglesia conoce a este hombre maduro con un discernimiento sobrenatural, lo llaman profeta. El Espíritu Santo le habla a Vicmariam y al profeta por medio del pastor y les dice que ellos establecerán un matrimonio en el futuro. A lo cual Vicmarian le comenta al padre de él, que ella asiste a la iglesia para buscar de Dios, adorar a Dios y no en busca de hombres. Un año después que Dios da esta palabra para ambos, vuelve el Espíritu Santo a hablar y le dice a Vicmariam, "lo tomas o lo pierdes," refiriéndose al hombre profeta. Vicmariam, se dijo para sí misma y claro, Dios todo lo escucha y escudriña, "tranquilo, me rindo a tu voluntad". Así que comenzaron a comunicarse, se ponen de acuerdo para salir y dar un paseo por San Juan. Durante el paseo hablaron mucho de sus intereses individuales y empiezan a conocerse. Un día llega él al trabajo de Vicmariam, con la proposición de casarse a lo cual ella le contesta, "no es el tiempo". Pero él hizo caso omiso y alteró todos los procesos, llevando ropa al apartamento de ella y acelerando la celebración de la boda sin haber compartido lo suficiente con Vicmariam y sus sobrinos. Sí, sus tres sobrinos, su hermana había muerto y ella estaba cuidando de ellos y cumpliendo la tarea de criarlos con amor, aunque ellos echaban de menos a su madre, ellos sienten el calor, afecto y amor maternal de su tía.

Realizaron una boda cerrada y rápida en un restaurante con el pastor y los dos testigos. Lo único que salió de los labios de Vicmariam fue, "¿Dios mío pero que es esto?" Pero Dios no le hablaba, no le contestaba nada. Todo marchaba bien en el hogar, Vicmariam le prepara su ropa, cocina y mantiene el hogar en orden. Al transcurrir unos días, comienzan a surgir situaciones en el hogar, los sobrinos de ella traen amigos a la casa de visita y él se molesta. Así comenzaron los disgustos entre Vicmariam y su ahora esposo. Una noche Vicmariam escucha una voz que le dice, "procesos" y a la vez visualiza tres buitres. Se fue a la cama y se quedó dormida. A eso de las cinco de la mañana ella despierta con el alboroto que él tenía en la habitación vociferando, "pero, que es esto, esta mujer es una adúltera" a lo cual Vicmariam, le pregunta, "¿qué te pasa, hombre?" Él le lanza el teléfono de ella que poseía en sus manos. Ella ve el mensaje, era un evangelista, amigo de ella, que le había enviado un mensaje, aunque era inofensivo y no perjudicaba para nada su imagen de mujer honrada, él lo interpreta de manera opuesta. Ella observa que tiene frente a ella un profeta, un hombre de Dios, presentando un ataque de celos, airado y descontrolado, que lo único que pudo pronunciar, "no he buscado hombre alguno". Ese día ella estaba libre de su trabajo, ella le dice a él, "entremos al cuarto y hablemos" pero, él no contestaba nada. Ella se dirige a la cocina, calienta el almuerzo que él se llevaría al trabajo se lo entregó, él se dirigió a la puerta y sin decir nada se marchó. Al regresar en la tarde, cenó y se fue a dormir temprano, pero no pronunció ni tan siquiera una palabra.

A la mañana siguiente él sobrino de Vicmariam indica que en la tarde llegará un amigo suyo a la casa para estudiar juntos y realizar un proyecto de la escuela. Él esposo de Vicmariam inmediatamente comenzó a discutir con ella en protesta al plan del sobrino, a lo cual ella le contestó, “sí mi sobrino se pierde, esa sangre no caerá en mis manos, así que aquí en su casa se reunirán a trabajar”. Él sale a toda prisa del cuarto y caen al suelo unas fotos que se encuentra en la pared del pasillo, a lo cual él reclama. “Dios mío, señor y esté, ¿quién es?” Ella le contesta, “él es el padre de mis hijos”. Ambos salen del hogar y se dirigen a sus trabajos. Al regresar Vicmariam de su trabajo, va al guardarropa del cuarto a guardar unas piezas de ropa y se da cuenta que su esposo se había llevado toda su ropa. Ella busca en todas las habitaciones de la casa, donde él guardaba alguna que otra pertenencia de él y no hallaba nada en el hogar. A todas estas, Vicmariam toma el teléfono, lo llama y le pregunta, “¿estás bien, porqué te fuiste? Yo no te hice nada para que te marcharás de esa manera”. A lo cual él le responde, “tranquila estoy bien, estoy en casa de mi padre y no voy a regresar hasta que el Espíritu Santo me lo indique. Me fui porque eres una adúltera, una fornicaria” y le colgó el teléfono. Después de un mes de casados, se separan.

Actualmente llevan once meses separados, aunque de estos se han visto y han conversado para intentar nuevamente restablecer su matrimonio. Disfruta la vida, sigue y seguirá sirviendo a Dios de todo corazón sin importar lo que le depare la vida, porque sabe que Dios tiene planes para con ella de bien y no de calamidad.

Jeremías 29:11

Historia de Sonia

Historia de Sonia

La niñez de Sonia fue excelente, contaba con una familia feliz compuesta por padres amorosos y trabajadores, y dos hermanos, uno de ellos de crianza. Sus padres le enseñaron muchos valores. Le inculcaron que fuera en el futuro un ser humano con principios, fe y sabiduría. Su papá le enseñó a bailar. Sonia era una niña inteligente, educada, respetuosa, responsable y obediente.

Cuando Sonia tenía seis años, su padre enferma de cáncer de colon. Sufrió seis operaciones durante tres años. A raíz de su enfermedad todo el ambiente familiar cambió, su madre entraba y salía del hospital a la casa y al trabajo. Fueron unos años bien difíciles. La abuela materna, venía todos los días a la casa. Al principio fue todo normal. Pero una vez se hizo más necesaria la presencia de su mamá en el cuidado de su padre, la abuela fue cambiando más con Sonia que con sus hermanos. Como en algunas noches su mamá se quedaba en el hospital y al no tener el apoyo de la abuelita, él esposo de la tía materna se ofreció a cuidarlos.

Así comenzó él a quedarse en la casa durante las noches a cuidarlos. El tío, cuidador en las noches se le acercaba a Sonia a manosear todo su cuerpecito, contando con tan sólo seis años. Aunque Sonia no recuerda si hubo penetración, sí recuerda que fue molestada sexualmente por espacio de tres años, señales que mostraba, orinándose en la cama durante las noches, pero nadie se dio cuenta de lo que estaba sufriendo. Su padre muere, pero ahora comienzan los abusos de parte de su abuela materna. Cuando su madre se encontraba fuera de la casa trabajando, en citas ó realizando alguna gestión, la abuela no atendía las necesidades de Sonia, no le daba comida, ni le lavaba su ropa. Sí comenzaba a llover, abuela iba y recogía toda la ropa, menos la de ella, la dejaba que se mojará. Sonia no entendía el porqué del rechazo de su abuela. La única posible razón entendible para ella es que posee un poquito de color más oscura en su piel que los demás. La madre de Sonia debía a acudir a la casa en su hora de almuerzo a darle de comer a su hija ya que su abuelita no le servía alimento alguno. Podía haber visita en la casa y ni así le daba de comer, pero nunca la mamá de Sonia reclamó a su madre nada. Nunca defendía a Sonia de las situaciones que estaba enfrentando y sufriendo en la casa por su propia abuela.

Sonia comienza a asistir a un colegio católico. Durante todos los veranos enviaban a Sonia a coger clases de manualidades, donde aprendió a calar y bordar. Al cumplir los doce años, cambia el plan de la abuela para Sonia. La madre de Sonia le indica a la abuela que a partir de este día no habrá clases en la escuela a lo cual la abuela contesta, "el viernes, será mi último día en la casa, Sonia que se haga cargo de la casa, de atender a sus hermanos, cocinar y planchar". Sonia, comenzó a realizar todas las tareas del hogar. Como toda niña de su edad deseaba estar jugando con muñecas, lo cual para ella era imposible. Sonia iba de la casa a la escuela. Al ingresar a la escuela intermedia la matricularon en la escuela pública en el noveno grado. Durante su escuela superior trabajaba en una farmacia mientras estudiaba. Siempre mantuvo sus buenas notas. Sufrió discrimen en la escuela por su color de piel. Sonia pasó su etapa de adolescencia con muchas restricciones. Durante todo ese tiempo pensaba y veía como algo normal lo que su tío le había hecho. Hasta llegó a pensar que su vida de adulta sería una de prostitución. Sin embargo, este no fue el caso. Sonia eventualmente asiste a la universidad y se gradúa. Sonia comienza a trabajar para el gobierno en el Departamento de Hacienda en lo que en ese momento se conocía como el negociado de contribución sobre ingresos. Ella trabajó en el departamento por espacio de treinta y tres años.

Sonia se reencuentra con su futuro esposo y padre de su hijo mayor. Ella lo conocía de toda su vida, ya que durante la niñez compartían con mucha frecuencia. Luego de su reencuentro en un velatorio establecen un noviazgo al pasar unos meses. Ella trabajaba en Hacienda en San Juan, en su rol de jefe, supervisaba siete secciones. Él novio de Sonia aplica a una vacante y termina siendo reclutado. Él era un gran empleado, responsable y un buen compañero de trabajo. Se casaron y tuvieron un hijo varón. Durante su matrimonio él fue un excelente esposo, padre, proveedor, cariñoso y hogareño. Sin embargo, la tragedia le llega un día 27 de junio de 1983, después de tres años y medio de matrimonio, cuando él tuvo un accidente de auto y muere al instante. Tras la muerte de su esposo, Sonia se muda con su mamá, con la cual estuvo residiendo por espacio de cuatro años.

Un día su mamá se entera por su hermana de lo que le había ocurrido a Sonia en su niñez. A lo cual la madre le reclama a Sonia, porqué había callado el abuso. Sonia le contesta, "¿tú me hubieses creído?" Desde ese momento dejo de existir el tío adorado, no se volvió a mencionar en el hogar el nombre de ese individuo. Sonia, compró casa amueblada con el dinero que le dejó su difunto esposo. Ella recuerda a su esposo y comenta a punto de llorar que a pesar de que han pasado cuarenta años de su muerte, lo recuerda con mucho cariño porqué vivieron momentos felices.

En el aspecto sentimental Sonia no sabía estar sola, siempre debía estar acompañada por un hombre sexualmente. Tenía que sentir ese manoseo en su cuerpo, ese fuego que la quemaba y encendía su deseo por el placer.

Sonia solicita un traslado para trabajar en la oficina de hacienda en el pueblo de Caguas, el cual se lo aprueban de inmediato. En el año 1989, conoce a este hombre trabajando en Caguas. En el 1993 establecen una relación y al cumplir un mes de noviazgo, él llega con toda su ropa y se instala en su hogar. Ella se encontraba en ese momento, criando a su hijo de doce años. Fue difícil establecer una relación de familia. El hombre se creía dueño y señor de la casa, mandaba, no era buen proveedor. Consumía de todo y le gustaba apostar en juegos. El hijo de Sonia al observar todo lo que está sucediendo en el hogar, le reclama a su madre. Comienzan las discusiones en el hogar entre el hijo y este hombre, al extremo de irse a las manos varias veces. A los cuarenta y dos años Sonia queda embarazada. Esto fue una bomba de tiempo, no fue color de rosa, sino un tiempo de espinas.

Sonia se muda a otra casa y tiene a su hija pero, los

gastos son muy altos y decide mudarse a una casa, herencia de su padre. Su hija crece viviendo en ese hogar. Pasan varios años y continúa la misma situación con el hombre. Un día su hija contando con tan sólo nueve años, se para frente a su madre y le pregunta, "¿cuándo se va este de aquí?" Sonia quedó muda y paralizada al escuchar a la niña decir esto. La niña a su corta edad se había dado de cuenta del abuso de este hombre hacia su madre, un abuso económico, psicológico y emocional. Sonia comenzó desde ese momento a pedirle a Dios que intercediera por ella y obrará, porque por sus propias fuerzas ella no podía sacar a este hombre de su propia casa.

Un día mientras Sonia y su hijo se encontraban en el comedor sentados y tranquilamente conversando. Entra en escena el hombre reclamando al joven, "saca esas dos chatarras del patio" a lo cual él contesta, "cuándo usted pague todo en esta casa, usted puede mandar como jefe de familia pero, aquí la dueña y señora de esta casa es mí madre y ella es la que paga todo aquí". El hombre se le ha abalanzado encima al joven, una pelea de puños que hasta Sonia y la niña también recibieron golpes. Sonia logró que su hijo se marchará del hogar a casa de su abuela en que bajaba la corriente del río. Sonia se sienta a hablar con su pareja, mientras la niña está detrás de ellos, en espera de lo que sucederá. Sonia comienza diciéndole a él, "lo que sucedió hace un rato no debió de ocurrir". La niña levantó los dedos pulgares en señal de aprobación. Sonia procede diciéndole "por qué sí hubiese llamado al 911, te hubiera arrestado la policía. Tienes dos semanas para irte de aquí". El hombre le contesta, "no tengo donde mudarme, no tengo dinero". Sonia le recoge toda su ropa, pero a todas éstas ella le sigue cocinando y lavando su ropa.

Pasaron las dos semanas y él hombre no se iba de la casa. Para sorpresa de Sonia, un día su pareja le dice, "préstame la camioneta para mudarme, tengo apartamento". Y ella contesta, "montemos todo, yo te llevo". Sonia rápidamente comenzó a subir todo a la camioneta y así logro ubicarlo en su apartamento. Nunca mantuvo a su hija, ella lo llevaba a la corte para que cumpliera con sus responsabilidades de manutención con su hija y nada funcionaba. Acudía a Sonia cada vez que necesitaba un favor. En una ocasión, le operaron un brazo, lo hospitalizaron, Sonia obliga a su hija que vaya a cuidar a su padre al hospital, lo cual ella acude a regañadientes. Los hijos de Sonia sienten mucho resentimiento hacia este hombre. Aunque él ama a su nieto. Pero ellos, no han limado sus perezas. Expresa Sonia, que aunque ella vivió todas estas adversidades en su vida, no les brindó a sus hijos una vida así, sino que le dio toda su ayuda en cada etapa de sus vidas y la libertad, claro está con responsabilidades para que ellos pudieran vivir experiencias que le brindaran valores a su vida. Siempre y aún de adulta se cuestiona por qué su abuela la trataba distinto a los demás nietos. Sonia indica que pudo haber vivido una mejor calidad de vida, sí se hubiese ocupado más de ella y no de los demás, cosa que todavía no ha aprendido a hacer. Busca de Dios para poder ser un mejor ser humano, Dios ha sido más que bueno con ella, sin su misericordia se hallaría perdida. Ha aprendido a estar sola

aunque esta vez desearía un compañero que sume y no reste en su vida.

Cuando conoció al Señor le cambió su vida. Fue una experiencia única, inexplicables milagros, bendiciones, respuestas recibidas a oraciones, bueno todo ha cambiado. Recuerda ese primer encuentro, decide ir a un templo un día y el carro se daña. Un amigo de su hijo se entera y le dice que vayan al templo que su familia va. Llegan treinta minutos tarde porque se atrasaron en recogerla. Para su sorpresa era el mismo lugar que ella querría ir, lo inesperado fue que el culto no había podido comenzar porque no había energía eléctrica. Tan pronto el ujier los ubico llegó la luz y pudo disfrutar de todo el culto. Desde ese día Dios se manifestó de una manera sobre natural en la vida de Sonia. Se bautizo, recibió y sigue recibiendo grandes milagros.

¡Le agradece a Dios todos los días, por su gracia que ha sido infinita! Salmo 9:1

Historia de Gladys

Historia de Gladys

Esta historia se desarrolla en un barrio ubicado en el pueblo de Cayey, Puerto Rico. Gladys, desde temprano en su niñez, fue acogida en el seno del hogar de sus abuelos maternos. Vivian cómodamente con los ingresos de ambos abuelos y los recursos económicos que les había dejado los padres de Gladys. Sus abuelos le brindaron todo el amor que ella podría necesitar durante su niñez, adolescencia y adultez. Cómo también cubrían todas sus necesidades durante todas sus etapas de vida. Gladys se desarrollaba como una líder innata, agradable, hermosa tanto física como de espíritu, cariñosa, con una cabellera negra y abundante hasta su cintura. Gladys era atenta a escuchar y ayudar a su prójimo.

Su tía con una sonrisa en sus labios y lágrimas en sus ojos nos narra la historia de Gladys. A su sobrina nunca falto el amor de padres porque sus abuelos realizaron muy bien ese papel en su vida. Sus padres murieron en un accidente automovilístico cuando solamente contaba con tres años. Gladys, estudió en colegios privados y asistió a la Universidad de Puerto Rico en Cayey.

Gladys se estableció en Ponce, abre una farmacia y ejerce su profesión como Licenciada en Farmacia. Ella conoció a este hombre, era un contratista. Él había establecido su empresa desde abajo y tuvo que tomar algunos cursos para establecer sus conocimientos de construcción legalmente. Gladys le gustaba compartir con él, era detallista, atento, cariñoso, pero había algo que a ella le disgustaba. El hombre hablaba con un lenguaje de la calle, no expresaba gratitud y actuaba como sí todo se lo mereciera. Aún así ella continuó compartiendo con él. Pasaron unos meses y llega este hombre un día diciéndole que había conseguido un contrato en Estados Unidos, Texas. Que iba a trabajar allá por varios meses, porque estaría laborando en un complejo de viviendas y que no sabría por cuanto tiempo tardaría en regresar a Puerto Rico. Por tal razón, deseaba comprometer a Gladys antes de marcharse.

Comenzaron los preparativos a toda marcha para la celebración de un compromiso. Ella realizó la fiesta en un hotel en Ponce, estaban las familias de ambos juntos a sus respectivos amigos. La pasaron excelente, fue una noche de estrellas, esperanzas y nuevos caminos que emprenderían juntos en un futuro.

Su partida a los Estados Unidos fue eminente, pasado tan solo dos días después de la celebración. Todos los días y noches se comunicaba el hombre por vía telefónica con Gladys. No se conformaba con haber hablado con ella durante la mañana, sino que lo hacía constantemente. Cuando Gladys no le contestaba de inmediato, porque estaba atendiendo algún cliente o suplidor, llamaba a algún miembro de su familia o amigos dejando mensajes para que se comunicará con él. Esto le causaba malestar y disgusto a Gladys y comenzó a sentirse mal emocionalmente. En una ocasión durante una llamada, aprovechó ella el momento que lo escuchó alegre y le comenta, "por favor, Felipe no te moleste en dejarme mensajes con mi familia y amigos, cuando no pueda atender tus llamadas, a veces estoy atendiendo a alguna persona y tan pronto pueda disponerme a devolverte la llamada lo haré". A lo cual él le contesta, "en tu vida la única persona que debes atender soy yo". Ella no contestó nada, se quedó fría al escuchar esa contestación. Inmediatamente él da por terminada la conversación con una frase, "sueña conmigo".

Pasaron los meses y la situación seguía de la misma manera, sus familiares y amigos aconsejaban a Gladys, para que diera por terminada dicha relación, pero ella permanecía en ese juego que él dirigía. En algunas ocasiones ella llegaba a mi casa, llorando y diciendo que no podía más con sus actitudes, dudando de ella, a donde iba, con quién andaba, la ropa que debía usar y un sinfín de cosas que le decía. Cuenta su tía que se preocupaba por su sobrina y la aconsejaba para tratar de aliviar su dolor, pero, no le mostraba la preocupación que sentía por ella. A sus abuelos, ella nunca les comentaba nada, para que no se preocuparan e inclusive nunca le comentó a él dónde ellos residían.

Al pasar un año, Gladys se sorprende al llegar a su trabajo y la primera cara que ve a la distancia es a Felipe.

Ella lo recibe con un ramo de rosas rojas en sus manos, percibe lo emocionado que él se encuentra y la invita a desayunar. Ella no se esperaba la llegada de Felipe, aunque momentáneamente se molestó al verlo, pero disfrutó de su compañía. Luego de ir a desayunar él le pide a Gladys que no fuera a trabajar para pasar el día juntos. Así Gladys lo hizo, se comunicó con su gerente y le notificó que no iría a trabajar durante el día.

Una tarde, Felipe la llama a su trabajo y le indica que en la noche la llevaría a comer, así lo agendó ella. Durante la cena le muestra las invitaciones con fecha, hora y lugar de la boda de ambos. Ella se sorprendió tanto que se ahogó con el vino que estaba tomando, tuvo que él levantarse de su silla y darle unas palmaditas en su espalda. Ella sin embargo aceptó la propuesta. Comenzó con todos los preparativos, casi sin tiempo, aunque sentía en su alma y su espíritu esa voz que le susurraba en el oído que no debía dar ese paso, prosiguió con los planes para la celebración de la boda.

Llega el momento crucial, el día de su boda, ella

sentía una sensación de temor y miedo. Ella se lo atribuía al estrés que le había causado la preparación, los detalles de la boda y tuvo que tomar agua de azahar, un relajante natural para bajar la ansiedad. La ceremonia quedo hermosa y la recepción fue un banquete para el disfrute de familiares y amigos. Los esposos partieron al otro día de la celebración hacia el aeropuerto rumbo a Europa a disfrutar de su luna de miel. Todo marchó a las mil maravillas, ambos disfrutaron de su estadía por ese continente.

Al regresar comienzan una rutina del trabajo a la casa. Gladys como propietaria de un negocio, a veces se veía obligada a estar hasta el cierre de este, lo cual a Felipe le causaba mucho malestar, ya que el regresaba temprano del trabajo al hogar. Ocasionalmente él la llamaba a la farmacia y le indicaban que no lo podía atender, porque estaba ocupada y se molestaba: así comenzaron las peleas y discusiones que a veces no tenían ni sentido de ser. Comienza a vigilarla, aparecía en su trabajo, le hacía críticas por la ropa que utilizaba, trataba de humillarla frente a la gente. Dicha situación llevó a Gladys a comenzar a sentir una tristeza, dolor, pesar que se convirtió en una depresión severa, diagnosticada por su médico de cabecera. A veces estaba riendo, aparecía él y su gozo se convertía en lágrimas de la nada. El disfrute de estar en compañía de él se tornó en uno de pánico.

Luego de tres meses, la situación continúa empeorando entre ambos. A lo cual Gladys toma la decisión de abandonarlo, se lo notifica a él y no acepta el divorcio. Así que Gladys habló con su tía para que la recogiera en la farmacia y la ayudará a llegar con todo lo que había recogido en su hogar, después que él había salido del hogar temprano a trabajar; y ella había transportado todo a su negocio para irse a casa de sus abuelos, ya que él desconocía el paradero de ellos.

Pasaron dos meses que ella estaba residiendo con sus abuelos. Hasta que un día llega él a casa de sus abuelos. La abuela lo atiende y él le pide que lo deje entrar porque necesitaba darle una sorpresa a su esposa, la abuela desconocía todo lo que estaba sucediendo entre ellos; porque Gladys lo que le había contado era que él estaba trabajando fuera del país y para no sentirse sola, le pidió estar unos días con ellos. La abuela le permite entrar y le indica que pase, que ella se encuentra en el dormitorio, mientras la abuela se dirige al patio a trabajar con unas plantas. Gladys, había acabado de salir del baño, se estaba preparando para salir a la oficina del abogado a hacer diligencias referentes al divorcio. Ella se sorprende al verlo dentro de su habitación, no podía creer cómo este hombre había dado con ella. Comenzó a pedirle que regresará con él, indicándole que ella no tenía necesidad de estar en ese lugar ya que ellos poseían una buena residencia, ubicada en un buen sector y no como este barrio. Gladys le contestó, "tomé una decisión y no hay vuelta atrás". Él no escuchaba nada de lo que ella le decía, seguía prometiéndole miles de cosas: la tía nos narra que su madre, la abuela de Gladys se sorprendió porque hubo momentos en que él alzó la voz y se escuchaba una discusión entre ambos, pero de momentos la abuela escuchó un, ¿por qué me golpeas? Un gemido de dolor se escuchó a lo lejos y como un forcejeo entre ambos, de momento un silencio total. Ella entra corriendo a la casa y encuentra a Gladys, en un charco de sangre, con unos gemidos que casi no se escuchaban y una respiración muy lenta. La abuela comenzó a gritar, entraron unos jóvenes que se encontraban cerca a la casa y cargan a Gladys en sus brazos. Su cabellera negra, larga y abundante, entre las manos de uno de los jóvenes, lucia recién lavada en un charco de sangre. Sacaron a Gladys de la casa y la montaron en un vehículo hacia el hospital, llegó muerta, tenía quince puñaladas en todo su cuerpo. Al ocurrir esto, unos hombres del barrio lo persiguieron a él, y lo encontraron dentro de un colmado, escondiéndose. Los hombres lo sacaron y le propinaron una tremenda golpiza, hasta llegar la policía y ser arrestado. Le dieron una pena de cárcel de cuarenta años.

La abuela de Gladys murió un mes después del desafortunado final de Gladys. Luego de tres meses de la muerte de su abuelita, muere su abuelo, debido a la angustia y el dolor que todo esto provocó en sus vidas.

Quizás sí ella hubiese hablado de todo lo que le estaba sucediendo, esta tragedia se hubo podido evitar y claro está, buscar la ayuda profesional que tanto necesitaba.

La tía de Gladys expresa con lágrimas en sus ojos, aunque han pasado treinta años desde su muerte, la siente como si hubiese ocurrido ayer porque son muertes tan trágicas que uno no las espera y suceden en cuestión de segundos.

Ella recuerda con mucho amor a su sobrina, un ser excepcional y espera que al contar esta historia y hacerla pública, muchas mujeres se beneficien de ella y estén pendiente a todas esas señales que ella vio y vivió, pero las ignoró. Ella dice, "mi deseo es crear conciencia en todas ustedes mujeres, para que no pasen por lo que nosotros como familia, vivimos y sufrimos".

Señales de Violencia. ¿Dónde puedo buscar ayuda? Estadísticas e información adicional.

Señales de Violencia Doméstica

¿Sientes...

1. temor todo el tiempo de tu pareja o expareja?
2. que no puedes o no haces nada correcto y que no te valora?
3. que te culpa de todo lo que le sucede?
4. que mereces ser maltratada o lastimada?
5. que no puedes hablar de temas, realizar actividades u opinar por miedo que tu pareja se enoje?

¿Tu pareja...

1. te humilla, critica y grita?
2. te golpea, te empuja?
3. te amenaza con hacerte daño a ti, a tus hijos, familiares y amigos?
4. te obliga a tener relaciones íntimas?
5. es celoso y/o posesivo?
6. no te permite relacionarte con familiares y amigos?
7. te dice cómo vestirte?
8. te controla y no permite que tengas acceso a obtener medicinas, alimentos, ropa y dinero?

9. te prohíbe trabajar o continuar estudiando?

10. te mantiene constantemente vigilada, registra tú llamadas telefónicas, salidas, computadoras y efectos personales?

11. amenaza con suicidarse o mutilarse sí terminas la relación?

Establece un código de seguridad con tus hijos, familiares, vecinos, amigos o compañeros de trabajo, alguna frase o palabra que identifique que te encuentras en peligro y que es necesario llamar a la policía. Identifica números de teléfono de albergues y centros de servicios dirigidos a sobreviviente de violencia doméstica de necesitar ayuda.

¿Dónde puedes buscar ayuda?

- Llama al 9-1-1
- Visita la sala de emergencia del hospital más cercano
- Centro Salud Justicia de Puerto Rico, línea 24/7: 787-337-3737
- Centro de Ayuda a Víctimas de Violación (CAVV), línea 24/7: 787-765-2285
- Policía de Puerto Rico: 787-343-2020 Línea de Orientación a víctimas de delitos sexuales: 787-343-0000
- Proyecto Matria, línea 24/7: 787-489-0022
- Línea 939-Contigo 24/7, Municipio de San Juan: 939-266-8446
- Taller Salud, línea 24/7: 787-697-1120
- Hogar Nueva Mujer, línea 24/7: 939-255-9800
- Siempre Vivas Mayagüez, línea 24/7: 787-390-3371
- Hogar Ruth: 787-883-1884

- **Casa Pensamiento Mujer del Centro,** Aibonito: 787-735-6698
- **Centro de la Mujer Dominicana,** San Juan: 787-772-9251
- **Centro de Apoyo para Víctimas del Crimen,** (CAVIC), San Juan: 787-763-3667
- **Centro de Servicios Psicológicos Nueva Vida,** Arecibo: 787-881-1212 exts. 6072, 6103, 6106

ESTADO LIBRE ASOCIADO DE PUERTO RICO
POLICÍA DE PUERTO RICO
ESTADÍSTICAS DE VIOLENCIA DOMÉSTICA

MOSTRANDO RESULTADOS DESDE Jan 1, 2022 HASTA Dec 31, 2022

Detalle de Víctimas por Género

Área	Incidentes	Femenino	Masculino	Género Desconocido	Total
San Juan	811	670	141	0	811
Arecibo	656	557	99	0	656
Ponce	701	594	107	0	701
Humacao	378	311	67	0	378
Mayaguez	511	434	77	0	511
Caguas	666	576	90	0	666
Bayamon	1,006	830	176	0	1,006
Carolina	563	467	96	0	563
Guayama	286	240	46	0	286
Aguadilla	696	568	128	0	696
Utuado	206	163	43	0	206
Fajardo	298	257	41	0	298
Aibonito	368	304	64	0	368
Totales:	**7,146**	**5,971**	**1,175**	**0**	**7,146**

Continúa en la siguiente página con detalles de Arrestos y Convicciones de acuerdo con el informe de la Policía de Puerto Rico.

Detalle de Arrestos y Convicciones

Área	Incidentes	Investigación Produjo Arresto	Hubo Múltiples Arrestos	Radicar Cargos	Convicción
San Juan	811	561	0	518	23
Arecibo	656	369	0	136	49
Ponce	701	586	4	367	121
Humacao	378	295	0	327	45
Mayaguez	511	286	0	151	37
Caguas	666	407	0	255	23
Bayamon	1006	779	0	413	49
Carolina	563	368	0	199	23
Guayama	286	181	4	126	35
Aguadilla	696	498	0	320	15
Utuado	206	97	0	41	10
Fajardo	298	160	0	132	10
Aibonito	368	287	0	223	66
Totales:	**7,146**	**4,874**	**8**	**3,208**	**506**

Fecha: 2/5/2023 Hora: 9:54 AM

31 de mayo de 2024

Tabla comparativa del
Total de Feminicidios 2019, 2020, 2021, 2022, 2023 y 2024 (por categorías)

	2019* (enero – diciembre 31)	2020 (enero – diciembre 31)	2021** (enero – diciembre 31) *actualizado 2/2/2024	2022** (enero – diciembre 31)	2023** (enero – Diciembre 31)	2024 (enero – mayo 28)
TOTAL FEMINICIDIOS	51	75	59	79	72	41
FEMINICIDIOS DIRECTOS	33	40	40	65	64	37
Íntimos	20	18	15	15	23	11
Transfeminicidios	0	6	1	-	1	1
Bajo investigación/ No info	8	8	16	47	30	22
Familiar	3	4	4	2	4	1
No-Íntimo	0	3	4	1	6	2
Lesbicidio	2	0	0	0	-	-
FEMINICIDIOS INDIRECTOS	18	36	19	14	8	4
Crimen organizado	15	18	8	13	6	4
Sobredosis	3	18	11	1	2	-
SUICIDIO FEMINICIDA	-	1	2	1	-	-

*Los datos del año 2019 están siendo verificados y no son finales. Estimamos que los datos para dicho año serían mayores pues no tenemos manera de constatar posibles muertes por sobredosis.

** Los datos del 2021, 2022 y 2023 aún deben ser triangulados con el Registro Demográfico.

Lugar donde ocurren los feminicidios (%)

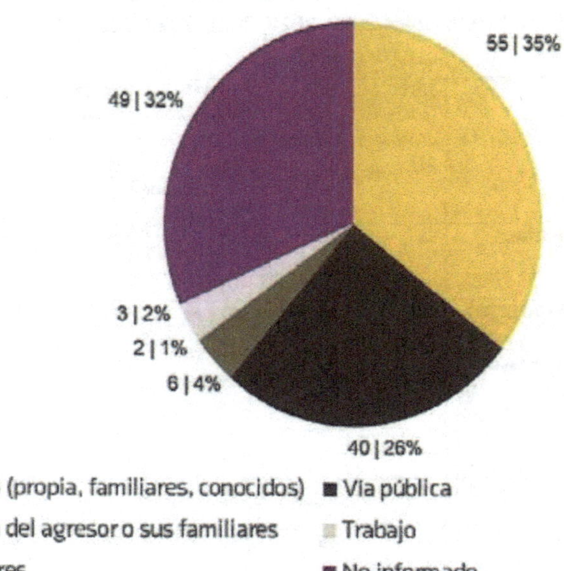

Tu pareja
¿Te suma
Chequéalo en este quiz
o te resta?
AMA Y JANGUEA
CON SENTIDO
@Pazmujer

¿Qué harías diferente a la historia de estas mujeres? Con la cuál te identificas. ¿Qué harías para salir de una relación de abuso, similar y evitar el sufrimiento causado por dicha situación?

Conclusión

Estas historias de nueve mujeres de la vida real presentadas en este libro cuentan sus experiencias de vida, como se enfrentaron a los retos y vivencias de la violencia doméstica: las adversidades que tuvieron que enfrentar y como la resolvieron cada una, dando por terminado todo maltrato físico, verbal, emocional, psicológico y económico. Sanando toda herida corporal, mental y espiritual.

Es mi deseo como autora de este libro hacer un llamado al gobierno y a cada individuo integrante de las familias que vivimos en este planeta, llamado tierra a la acción para prevenir este mal que no tan solo ocurre en Puerto Rico, sino a nivel mundial. **Alcemos nuestra voz a beneficio de cada niño (a), adolescente, joven, hombre y mujer maltratada e indefensa: y así crearemos una sociedad sana, libre de toda violencia, respetando la vida y a todo ser humano. Seamos parte de la solución y no del problema.**

¡Creemos Conciencia!

ACERCA DE LA AUTORA

Aida Luz Bonilla Tanco, cuenta con bachillerato en Secretarial y una Maestría en Administración de Empresas del Centro Universitario Columbia, recinto de Caguas. Es maestra de la Escuela Bíblica en la Iglesia Proclamemos Cristo Viene Pronto en Caguas y brinda servicios de apoyo en el Programa de Consejería en la misma Iglesia. Sirve como recurso en el Ministerio de Capellanía Protestante, en la cárcel para mujeres, Hogar Intermedio, del Departamento de Corrección de Puerto Rico. Actualmente, funge como secretaria en la Corporación RESONAR corporación sin fines de lucro, que atiende las necesidades de los abuelos y adultos mayores en Puerto Rico.

aidabonilla366@gmail.com

Referencias

- Modelos de Portada
  Virgelymari Ortiz Meléndez
  Luis Mojica Reyes

- Biblia Latinoamérica, Edición Revisada 2005

- Prefacio por: Amarillys Alvarado Guzmán
  MA. ED. BTS

- Reseñas por:
  Carmen Ojeda, TS
  Bethzaida Felix -Santiago, Psy. D

- Estado Libre Asociado de Puerto Rico
  Policía de Puerto Rico
  Estadísticas de Violencia Doméstica

- Registro Demográfico

- Observatorio de Equidad de Género, Puerto Rico

- Proyecto MATRIA

- COORDINADORA PAZ PARA LAS MUJERES

- Pixabay

"Nada Sucede hasta que algo se mueve".

-Albert Einstein

Made in the USA
Columbia, SC
14 April 2025

56628609R00096